Waldemar Mitscherlich

Entstehung der deutschen Frauenbewegung

Eine soziologische Betrachtung

Waldemar Mitscherlich

Entstehung der deutschen Frauenbewegung

Eine soziologische Betrachtung

ISBN/EAN: 9783845745770

Erscheinungsjahr: 2012

Erscheinungsort: Bremen, Deutschland

www.unikum-verlag.de | office@unikum-verlag.de

Waldemar Mitscherlich

Entstehung der deutschen Frauenbewegung

Eine soziologische Betrachtung

Vorwort.

Zur Vermeidung des Mißverständnisses, vorliegende Abhandlung beabsichtige die Entstehungsgründe der Frauenbewegung erschöpfend darzulegen, bemerke ich, daß dieser Arbeit zwei andere folgen werden. Diese Fortsetzungen werden die Entstehung der Frauenbewegung von ganz — auch dieser Arbeit — entgegengesetzten Gesichtspunkten aus beleuchten, um so das Werden dieser eigenartigen Bewegung nach allen Seiten hin möglichst aufzudecken. Vorliegende Abhandlung will nur zu zeigen versuchen, was die Gesellschaft, als ganzes betrachtet, zur Hervorbringung dieser Bewegung beigetragen hat.

Der Verfasser.

Inhaltsangabe.

Einleitung.

Eine gesellschaftliche Organisation kleiner und großer Gruppen von Individuen zu gewissen Einheitskörpern[1]) ist bei allen Menschen von der primitivsten Kultur ab zu beobachten. Anfangs ist die gesellschaftliche Organisation ganz locker und wenig kompliziert, wird aber im Laufe der sich entwickelnden Kultur immer inniger und verwickelter, und je höher die gesamte Entwicklung der Menschheit steht, desto reicher sind die Beziehungen des Einzelnen zu dem Leben des Gesellschaftskörpers.

Bei oberflächlicher Beobachtung könnte man geneigt sein, zu behaupten, die steigende Entwicklung und Ausbildung der Gesellschaft verringere auch die Möglichkeit individueller Betätigung der Menschen. Hiervon kann wohl zeitweilig, aber nicht beim Überblicken größerer Zeiträume die Rede sein. Raubt die fortschreitende Entwicklung dem Menschen Gebiete individuellen Wirkens, so läßt sie ihm an andern Stellen Raum für individuelle Betätigung. Und zwar findet bei steigender Entwicklung auf allen Lebensgebieten bis in ihre feinsten Teilchen hinein eine fortdauernde Differenzierung statt zwischen den Aufgaben, die der Macht-

---

[1]) Sippe, Völkerschaften, Stadtstaaten, Territorialstaaten, Nationalstaaten.

sphäre der Gesellschaft und der des Individuums verbleiben. Augenblickliche Übergriffe von der einen oder andern Seite finden mit der Zeit wieder ihre Ausgleichung.

Diese fortschreitende Differenzierung bei steigender Kultur bewirkt, daß die Tätigkeit des Individuums und die Funktionen der Gesellschaft immer stärker sich durchkreuzen und einander berücksichtigen müssen. Die Sphäre der Gesellschaft und die des Individuums sind nicht so abgegrenzt, daß auf der einen Seite die Gesellschaft, auf der andern das Individuum steht, sondern die Funktionen der Gesellschaft breiten sich über den ganzen Umkreis menschlichen Daseins aus. Das Einzel-Individuum wird so mit immer zahlreicheren Fäden von den mannigfachsten Seiten aus an die Gesellschaft geknüpft. Und auch das individuellste Sichausleben wird immer abhängiger von der Gesellschaft. Das Gesellschaftsleben der modernen Kulturvölker durchdringt das gesamte geistige, sittliche, moralische und religiöse, das gesamte wirtschaftliche und soziale Leben der Menschen. Diese Abhängigkeit des Individuums von der Gesellschaft bedingt naturgemäß, je nach dem Grad der Entwicklung, eine größere oder geringere Beeinflussung des Schicksals des Individuums.

Diese Abhängigkeit der kleinsten Glieder der Gesellschaft, der Individuen, von der größten zusammenfassenden Einheit, der Gesellschaft, wiederholt sich in dem Verhältnis kleinerer Einheiten zu den umfassenden Verbänden, sodaß das Schicksal jeder kleineren Vereinigung oder Interessengruppe abhängig ist von den Verschiebungen und Veränderungen, die man an dem Gesamtkörper beobachten kann. Eine soziologische Betrachtung der Frauenbewegung hat deshalb nicht von einer Psychologie des Weibes auszugehen, sondern hängt mit den wirtschaftlichen, sozialen und geistigen Veränderungen der Gesellschaft zusammen.

Diese Fragestellung „einer soziologischen Betrachtung der Frauenbewegung" nötigt mich, nur Massenerscheinungen und Massenveränderungen heranzuziehen. Nicht die Ideen der Zeit interessieren hier, sondern nur die durch die Ideen erzeugten Wirkungen. Ebensowenig befassen wir uns mit dem Leben des einzelnen Menschen, sondern nur mit den Regungen, dem Empfinden, Fühlen und Vorstellen der Schichten und Massen; ihren geistigen, sittlichen und sozialen Anschauungen wenden wir uns zu und dem stets neu erstehenden Gegensatz zum Althergebrachten.

Die Arbeit würde ins Unbegrenzte wachsen, wollte man den Einfluß verfolgen, den die Veränderung des Gesellschaftskörpers auf die Entstehung der Frauenbewegung in all unseren Kulturländern ausübt. Obgleich nicht zu leugnen ist, daß die Entwickelung einer jeden Gesellschaft auf gleicher Kulturstufe — in ihren großen Zügen betrachtet — in übereinstimmenden Bahnen sich vollzieht, so weist doch jede Gesellschaft eines Landes bei genauer Betrachtung ihre spezifischen Züge auf. Die Ursache für die überwiegende Übereinstimmung der auf gleicher Kulturstufe befindlichen Gesellschaften liegt in der Gleichartigkeit treibender, grundlegender Kräfte, die der Menschheit zur Verfügung stehen. Die untereinander zutage tretende Verschiedenheit findet ihre Erklärung in der ganz verschiedenen Intensität, mit der die grundlegenden, treibenden Kräfte in den einzelnen Gesellschaften auftreten. Weiter wird die Verschiedenheit erzeugt durch die mannigfachsten Umstände wie historischer Vergangenheit, geographischer, klimatischer und faunischer Verhältnisse des Landes und irgend welcher nicht gesetzmäßig zu fassender Zufälle, die auf das Leben der Gesellschaft und ihr Schicksal einwirken.

Die großzügige Übereinstimmung aller Gesellschaften auf gleicher Kulturstufe erklärt uns das Vorhandensein der Frauenbewegung in allen modernen Gesellschaften; der Verschiedenheit der Gesellschaften untereinander entspricht ein verschiedenartiges Aussehen der Frauenbewegung in den einzelnen Gesellschaften. Ein Verständnis für die Frauenbewegung in den einzelnen Ländern läßt sich aber nur gewinnen, wenn man die Veranlassungsgründe zu ihr aufdeckt, und erst durch die klare Erkenntnis dieser ist es möglich, durch Hinwegräumung, beziehungsweise Überwindung der Entstehungsgründe, die Frauenbewegung zu beseitigen. Die Wege, die zu ihrer Beseitigung führen, müssen naturgemäß den Sonderverhältnissen und Umständen des jeweiligen sozialen Körpers entsprechen. Die Frauenbewegung eines jeden Landes, um es noch einmal kurz zusammenzufassen, ist also als ein Produkt der in ihrer Gesellschaft bestehenden Zustände zu betrachten.

Die Berechtigung der mir gestellten Aufgabe mit ihrer Begrenzung hoffe ich hiermit nachgewiesen zu haben; und ich werde mich deshalb darauf beschränken, an Hand deutscher Zustände zu untersuchen, welchen Einfluß die Veränderung des Gesellschaftskörpers auf die Entstehung der deutschen Frauenbewegung ausgeübt hat. In dieser Begrenzung will ich einen Teil zur Erklärung dieser Bewegung beitragen.

I. Abschnitt.

Die politische, geistige und sittliche Umbildung der Gesellschaft in Deutschland und ihr Einfluß auf die Entstehung der Frauenbewegung.

Die Frauenfrage hat in Deutschland gerade ebenso früh ihre theoretische Erörterung gefunden wie in England und Frankreich, als Beispiel nenne ich nur Hippel und die Romantiker. — Aber eine Frauenbewegung als Massenerscheinung kennt Deutschland doch erst seit den sechziger Jahren vorigen Jahrhunderts, und ihre Beachtung in weiteren Kreisen setzt erst gegen Ende der siebziger und Anfang der achtziger Jahre des 19. Jahrhunderts ein. Den Höhepunkt erreicht diese Bewegung wohl in den neunziger Jahren, während in der letzten Zeit an Stelle des blinden Übereifers auch eine kühlere Kritik aus dem eigenen Lager sich bemerkbar macht[1]).

Die Ursache für die langsamere Entwicklung der Frauenbewegung Deutschlands im Vergleich zu Frankreich und England liegt zum größten Teil darin, daß

[1]) H. Lange: Handbuch der Frauenbewegung; vornehml. Bd. IV, 1901. — H. Lange: Intellektuelle Grenzlinien zwischen Mann und Frau. 1897. — E. Kempin: Grenzlinien der Frauenbewegung. 1897. — E. Gnauck-Kühne: Die soziale Lage der Frau. 1895.

die Vorbedingungen für derartige Massenbewegungen in Deutschland damals fehlten.

Der Partikularismus des damals politisch ganz zerrissenen Deutschland, und die dadurch bedingten Sonderbestrebungen jedes noch so kleinen Ländchens widerstanden einer Frauenbewegung in größerem Stile. Wenn andererseits sich das Nationalgefühl in den deutschen Landen regte und zu dem Versuch eines Zusammengehens in allen wichtigen Fragen hindrängte, so scheiterten doch alle diese Versuche an dem partikularistischen Geist, und es resultierte nur ein Kampf partikularistischer und unistischer Tendenzen. Abgesehen von der Schwierigkeit, diese vielfachen Bestrebungen zu vereinigen, wurde eine einheitliche, straffe, zielbewußte Organisation der Frauenbewegung über mehrere deutsche Staaten sehr erschwert und durch die so verschieden gestaltete Vereinsgesetzgebung oft unmöglich gemacht, die in einem Lande das verbot, was in dem andern erlaubt war.

Außerdem war das Interesse an der Bewegung in weiten Kreisen ganz gering, weil die Zeit dringendere Aufgaben zu lösen hatte und deren Erfüllung zustrebte. Die großen napoleonischen Kriege und deren Folgen hatten eine gedeihliche Fortentwicklung auf wirtschaftlichem Gebiet für längere Zeit hintenan gehalten, sodaß die Bedingungen, die von wirtschaftlicher Seite aus zu einer Entwicklung der Frauenbewegung erforderlich waren, in Deutschland erst später einsetzten. Preußen war durch die Folgen des Krieges von 1806/07 so kapitalarm, daß es die Befreiungskriege nur mit der größten Aufopferung von seiten der Bevölkerung führen konnte. Weiter galt es, große Verwaltungsreformen durchzuführen, eine Verfassung auszubauen, die den

Gliedern der Gesellschaft Rechtssicherheit, persönliche Freiheit und politische Rechte gewährleistete[1]). Dann trat die politische Frage der Einheit Deutschlands in den Vordergrund, deren Hauptetappen die März-Revolution (1848) und die Kriege in den sechziger Jahren waren. Alle diese Anforderungen an die Nation verschlangen eine Unsumme von Kräften und hielten das Interesse der Mehrheit des deutschen Volkes nach dieser Richtung hin fest. Das Jahr 1870/71 brachte die Einheit und damit die Lösung der politischen Frage.

Die zur Lösung jener Aufgaben bis dahin festgelegten Kräfte wurden nun frei. Die Frauenbewegung setzte in dem neuen Deutschen Reiche mit erhöhtem Nachdruck ein. Das Gefühl der Zusammengehörigkeit wuchs, und die Verhältnisse politischer wie wirtschaftlicher Natur hatten sich so verändert, daß auch in dieser Hinsicht einer größeren und weiteren Entfaltung der Frauenbewegung nichts mehr im Wege stand.

Dieser politischen geht eine geistige und sittliche Entwicklung parallel. Schon im ersten Drittel des 19. Jahrhunderts beginnt in Deutschland der Kampf der exakten gegen die spekulativen Wissenschaften und die von ihnen gezeitigten Ausartungen. Das geistige Leben wird schon vor Mitte des 19. Jahrhunderts von wirtschaftlichen und sozialen Verhältnissen und Interessen beeinflußt. Die Naturwissenschaften stellen sich fast ganz in den Dienst des praktischen Lebens, ihre Errungenschaften wirken befruchtend auf das Wirtschaftsleben und verdrängen in kurzer Zeit die rein

---

[1]) Stein-Hardenbergsche Reformen. Die Verfassung Preußens vom Jahre 1850.

geistigen Wissenschaften aus ihrer herrschenden Stellung. „Eine beispiellose, schlechthin entscheidende Umwälzung hat stattgefunden. Das ist keine Zeit mehr der Systeme, keine Zeit mehr der Dichtung oder Philosophie. Eine Zeit statt dessen, in welcher dank der großen Erfindungen des Jahrhunderts die Materie lebendig geworden zu sein scheint, die untersten Grundlagen unseres politischen wie unseres geistigen Lebens werden durch die Triumphe der Technik umgerissen und neu gestaltet.“[1])

Die großen Erfolge der Technik, hervorgerufen durch die exakten Wissenschaften, blenden die Massen; eine materialistische Weltanschauung, die sich zu einem großen Teil mit dem plumpen Materialismus der Lebensweise verbindet, tritt an die Stelle der idealistischen Weltanschauung.

Charakteristisch für die materialistische Welt- und Geschichtsauffassung „ist der ausgesprochene Determinismus, der überall die kausalen Zusammenhänge aufsucht und sie allein gelten läßt; nicht die Ideen bestimmen die Menschen, sondern der Mensch schafft die Ideen. Da es aber im Sinne Feuerbachs der sinnliche Mensch ist, der sie schafft, so sind es auch ausschließlich wirtschaftliche Tendenzen, die ihn in Bewegung setzen und leiten, und zwar ist es genauer die Gesamtheit der Produktionsverhältnisse und der jeweilige Stand der Technik, der die ökonomische Struktur der Gesellschaft, die bestimmte Eigentumsordnung hervorbringt und dann des weiteren den juristischen und politischen Überbau und den ganzen geistigen Lebensprozeß bedingt. Die Ideen, die geistigen und ideologi-

---

[1]) R. Haym: Hegel und seine Zeit. S. 5. 1867.

schen Formen sollen nicht anders sein, als die Art und Weise, wie sich die Menschen der Veränderung der ökonomischen Grundlage bewußt werden, sich dieselben zurechtlegen und den Kampf um eine solche auskämpfen. In ihrer Abhängigkeit von den wirtschaftlichen Veränderungen besteht also der „Materialismus" dieser Geschichtsauffassung[1])." Diese Auffassung, die in jener Zeit durch die starke Hervorkehrung wirtschaftlicher Fortschritte ihre Berechtigung wenigstens teilweise hatte, übertrug man ganz willkürlich auf die Vergangenheit und Zukunft. Und darin liegt der große Fehler dieser ganzen Weltanschauung. Die Vergangenheit wurde oft weit mehr von rein geistigen Momenten[2]) bestimmt als von wirtschaftlichen. Im Durchschnitt werden wohl ideelle und materielle Beweggründe in Wechselwirkung stehen, und jede in ihrer Art zu der Fortentwicklung beigetragen haben und beitragen.

Die stärkere Betonung materieller Interessen im 19. Jahrhundert führte dazu, ein Mehr oder Minder des Wohlstandes gleichsam zum Gradmesser des Glücks zu machen. Hiermit stimmt überein, daß die Frauenbewegung zunächst die wirtschaftlichen Momente, Vermögens- und Erwerbsverhältnisse einseitig in den Vordergrund stellt. Der Zutritt zu höheren Berufsarten wird auch von der Seite des Weibes weniger aus idealen Beweggründen als aus den mit ihnen verbundenen materiellen Vorteilen erstrebt.

Die wissenschaftliche Umwälzung hat tiefere, soziologische Ursachen. Sie hängt zusammen mit der

---

[1]) Th. Ziegler: Die geistigen und sozialen Strömungen des 19. Jahrhunderts. S. 621. 1899.

[2]) Barth: Philosophie der Geschichte als Soziologie. S. 269. B. I. 1897.

Emanzipation der erwerbenden Klassen, die mit der Renaissance einsetzt. Von da bemerkt man, daß auch die Wissenschaft sich in den Dienst der Praxis stellt[1]), und eine allgemeine Verweltlichung des Wissens stattfindet. Den Priestern, in deren Händen vorher alle Bildung, alle Erziehung und aller Unterricht lag, werden diese immer mehr entzogen und damit zugleich des wichtigsten Einflusses auf die Gestaltung der Gesellschaft beraubt. Die neue Bildungsrichtung geht auf Erweiterung des geistigen, sittlichen und in jüngster Zeit ökonomischen Horizontes; sie betont in allem den Fortschritt, während die Kirchen die Tradition hüten, sie sucht überall Tatsachen, wo sich die Scholastik mit überlieferten Glaubenssätzen begnügt, sie stellt eine Methode des wissenschaftlichen „Entdeckens" auf, während die Scholastik in der Kunst des Beweisens von unbeweisbaren Annahmen, in unfruchtbarer, subtiler Dialektik schwelgt. Die auf diesen neuen Grundlagen aufgebaute Bildung dringt zunächst nur in kleine, ausgewählte Kreise, dann allmählich immer tiefer. Sie ergreift in England im 17. Jahrhundert, in Deutschland und Frankreich im 18. Jahrhundert in der sogenannten Aufklärung die wohlhabenden, bürgerlichen Kreise, um dann im 19. Jahrhundert bis in die untersten Schichten des Volkes herabzudringen. Gelungen ist dies vor allen Dingen durch die Verallgemeinerung des Volksschulwesens, die allgemeine Verbreitung des Zeitungswesens und durch die Popularisierung vor allen Dingen naturwissenschaftlicher Erkenntnis.

Dies zusammen bewirkt eine Umgestaltung des Volksmilieus, macht die Massen urteilsfähiger, reifer

---

[1]) Bacon, einer der ersten theoretischen Verfechter dieser Idee.

und vor allem selbständiger und selbstbewußter. Allerdings darf man eines nicht vergessen. Die Durchdringung des Milieus mit Bildung war und ist oft nur oberflächlicher Natur. Der Wissensstoff gelangt in die Reihen der Massen in Surrogatform, angepaßt der Aufnahmefähigkeit der niederen und mittleren Schichten. Den Gedanken wird ihr Leben genommen, als Falschmünzen kursieren sie, man bietet sie dar als vollwertig, während sie ihrer eigentlichen Bestimmung entfremdet sind. Die geistigen Errungenschaften wurden und werden der Masse gegenüber garnicht angewandt, die Menschen geistig zu heben, sondern nur gewisse egoistische, wirtschaftliche oder politische Interessen durchzusetzen[1]). Wahrheiten, die durch den Intellekt erfaßt werden sollen, werden in großen Versammlungen (Zeitungen u. s. w.) einseitig durch Hervorkehrung oder Weglassung bestimmter Seiten umgedeutet, um so für Agitationszwecke benutzt zu werden. Sie beschäftigen und ergreifen alsdann nicht den Intellekt, für den sie bestimmend sind, sondern das Gefühl und den Instinkt der Massen.

Die agitatorische Seite der Frauenbewegung zeitigt dem korrespondierende Erscheinungen. Die Ideen — Menschenrechte, Freiheit, Recht der Individualität, Gleichheit und Entwicklung — werden gefühlsmäßig ausgebeutet, werden zu reinen Schlagworten, sodaß,

---

[1]) Ich erinnere vor allen Dingen an die Popularisierung einer materialistischen Weltanschauung und an die innerhalb der Sozialdemokratie tatsächlich bestehende Intoleranz religiösen Bekenntnissen gegenüber, die nur deshalb so stark ist, weil man in der Religion ein gefährliches Mittel sieht, die Massen sich bescheiden zu lassen und zu beherrschen. Mit einem rein logischen Widerspruch des Glaubens gegen das Wissen würde man es nicht so ernst nehmen.

was an fortschrittlichen Wahrheiten für eine Frauenbewegung von unerläßlichen modernen Erkenntnissen darin steckt, bei Seite geschoben und einsichtigen Beurteilern dadurch gar oft verleidet wird. Für die Massen aber bleiben die Schlagworte mit ihrer in jedem Individuum ganz sonderbare Vorstellungen auslösenden Suggestionskraft das Entscheidende und Berauschende.

Durch solche Ideen und ihre agitatorische Benutzung wurde die Opposition gegen die weitgehende Unterordnung der Frauen allgemeiner und dringt auch in Verhältnisse ein, wo die natürlichen Bedingungen dazu nicht gegeben waren. Das Weib begann mit denselben Waffen die Berechtigung der bevorzugten Stellung des Mannes anzugreifen, welche die Männer ehemals gegen die Ungerechtigkeit einer Ständeherrschaft angewandt hatten. Das, was Massenerscheinung an der Frauenfrage ist, gewinnt dadurch einen bedeutenden Zuwachs.

Dazu kommt noch die Erkenntnis der „Macht der Masse“ als solcher, hervorgerufen durch die Konzentration in großen Städten, das Zusammenarbeiten in großen Fabriken, durch Freizügigkeit, Leichtigkeit des Verkehrs, Vervollkommnung des Nachrichtenwesens und durch die Interessengemeinschaften, die über die örtliche Beschränkung hinaus verbindet. Die geschlossene Vereinigung Tausender von Menschen, mit dem allgemeinen Wahlrecht ausgerüstet, von denen jeder allein durch die Macht der bloßen Anzahl eine für seine Person unmotivierte Wichtigkeit erlangt, gibt dem Einzelnen, auch dem Unbedeutendsten, das Gefühl, in den entscheidendsten und wichtigsten Dingen mitregieren zu können. Daß die Masse trotzdem nur ein Spielball geschickter Führer und Agitatoren ist, kommt dem Einzelnen nicht zum Bewußtsein. Was wäre aus der Frauenbewegung geworden ohne diese psychologische Massenerscheinung? Auch für sie ist „der Macht der Masse" eine höhere Bedeutung zuzuerkennen, als der Macht der reinen Idee. Organisation: dies Zauberwort des 19. Jahrhunderts schuf aus der Frauenfrage die Frauenbewegung. Massenbewegungen kommt es weniger darauf an, eine wahre allseitige Erkenntnis zu fördern, als durch Lockmittel sich eine weitausgedehnte Anhängerschaft für die einseitige Verfolgung egoistischer Parteizwecke zu gewinnen. Das erklärt manches an der Frauenbewegung, das bei rein ideellen Erwägungen unerklärlich scheint.

Gerade so wichtig wie die völlige Umgestaltung des geistigen Milieus im 19. Jahrhundert ist die Umformung der sittlichen Anschauungen und der dadurch bedingte Einfluß auf die Entstehung der Frauenbewegung.

Von Frankreich her kamen die ersten Stürme gegen die althergebrachten sittlichen Anschauungen zu uns herüber, die weitere Kreise in ihren Bann zogen. Der Einfluß, den um die Mitte des 19. Jahrhunderts die Schriften der G. Sand besaßen, wirkte vor allen Dingen dahin, die sittgemäßen Anschauungen über die Frau zu korrigieren und die Ansicht zu erschüttern, als sei die Ehe der einzige Beruf des Weibes. In der deutschen Romantik [1]) waren solche Bestrebungen mit ihrer Betonung des Rechts der genialen, auch weiblichen Persönlichkeit vorangegangen. Jetzt griff das „junge

---

[1]) Scherr: Deutsche Kulturgeschichte, 10. Aufl., S. 583.
F. Schlegel: Lucinde.
Schleiermacher: Vertraute Briefe über Lucinde.

Deutschland" diese Idee heftig auf. Von hier aus schritt man zu immer weiteren Forderungen größerer Bewegungsfreiheit für das Weib fort. Galt es früher für ein Mädchen aus den mittleren Ständen als durchaus unschicklich, außerhalb des Hauses irgend einem gewerblichen Beruf nachzugehen, so wirkte man jetzt auf den Wegfall dieser Beschränkung hin.

Ein freies Bewegen in der Öffentlichkeit war ehemals stark verpönt. Das ganze öffentliche und private Leben des Weibes war aufs engste eingeschränkt. Die neue Zeit brach mit allen diesen kleinlichen Vorschriften und ermöglichte so dem Weibe, seine eigenen Interessen zu vertreten. Die Gewerbefreiheit ließ eine ausgedehnte Beschäftigung des Weibes in allen Erwerbszweigen zu, die wirtschaftlichen Schranken aller Art fielen und erweiterten so den Nahrungsspielraum des Weibes.

Das Niederreißen alter sittlicher Schranken barg eine Gefahr in sich, insofern man im Negativen stecken blieb und nicht auf dem alten Fundament sogleich ein neues sittliches Gebäude aufzuführen vermochte. „Das im Beruf stehende Mädchen ist nicht mehr von schützenden Mauern und schützenden Händen umgeben. Im Mädchen selbst wirken weniger stark als früher die Worte der nun in den Hintergrund tretenden Verwandten, um so stärker aber das Beispiel der Kameradinnen, der unter diesen herrschende Geist und das ganze, sie umflutende Leben. Hinzu kommt die großenteils nicht ausreichende Entlohnung, die wirtschaftliche Abhängigkeit vom männlichen Vorgesetzten, der Mangel erhebender und innerlich stärkender Einflüsse und eine auch sittlich schwächende Überarbeitung — und von außen ein mit der Industrie- und Großstadtentwicklung angewachsener verführerischer Luxus, ähnlich wie einst zur Blütezeit der deutschen Städte im Mittelalter. Es fragt sich, ob das Bürgermädchen in Schule und Haus die innere Festigung erhält, die es gegen alles das wappnet, von den Proletariern ganz zu schweigen[1])."

Dem Unternehmer war oft ganz das Gefühl dafür abhanden gekommen, daß sowohl männlicher wie weiblicher Arbeiter nicht allein als Arbeitstier und Ausbeutungsobjekt zu betrachten, sondern auch als Glieder des sozialen Körpers anzusehen sind und als solche ihre physische und moralische Gesundheit, ihre Bildungshöhe, ihre Zufriedenheit mit der bestehenden Ordnung von einer nicht zu unterschätzenden Bedeutung für die Existenz und Widerstandskraft des sozialen Körpers sind. Der reine Standpunkt der Ausbeutung rief mit der Zeit die ausgedehnteste Opposition in der gesamten Bevölkerung wach[2]) und trug auch von dieser Seite zur Organisation der Frauenbewegung bei.

In dieser fortschreitenden Eroberung der männlichen Berufe bildet die letzte Stufe das Eindringen in die höheren, größere Verantwortlichkeit und Selbständigkeit verlangenden liberalen Berufe, von denen man bis zuletzt und teils heute noch das „schwache Geschlecht" auszuschließen bemüht ist.

Heute sehen wir das Weib öffentliche Versammlungen besuchen, sehen es das Rednerpult besteigen und als Agitatorin das Land bereisen, Vereine gründen, die die verschiedensten Zwecke verfolgen. Kurz, das Weib hat aufgehört, sich einseitig als Geschlechtswesen

---

[1]) Wilbrandt: Die deutschen Frauen im Beruf, S. 381. Handbuch der Frauenbewegung, Bd. IV. 1901.

[2]) Vgl. G. Schmoller: Zur Sozialpolitik der Gegenwart, S. 51. 1890.

behandeln zu lassen und erreicht, in der Öffentlichkeit auftreten zu können.

Die kurzgefaßte Schilderung der allgemein politischen, geistigen und politischen Strömungen innerhalb der Gesellschaft sollte zeigen, wie die Frauenbewegung und alles, was sie erstrebt, auch bedingt ist von derartigen Umbildungen des sozialen Körpers.

II. Abschnitt.

Die wirtschaftliche Umbildung der Gesellschaft und ihr Einfluls auf die Entstehung der Frauenbewegung.

Nachdem wir so in großen Umrissen die politische, geistige und sittliche Umbildung mit ihrem Einfluß auf die Frauenbewegung betrachtet haben, wenden wir uns nun den Folgen der wirtschaftlichen Umbildung der Gesellschaft für diese Bewegung zu.

Alle vorher behandelten Momente, die für die Entstehung der Frauenbewegung von Bedeutung sind, treten zurück und sind teilweise enthalten in einer Erscheinung, in deren Bann nicht allein die wirtschaftliche Umbildung fast ganz steht — der Arbeitsteilung[1]). Alle Gebiete durchdrang sie, befruchtete sie, und das völlig veränderte Gesellschaftsbild der neuesten Zeit gegenüber früheren Jahrhunderten ist zum größten Teil mit und in der Arbeitsteilung gegeben.

Zuvor sei noch einiges gesagt über die Bevölkerungszunahme als den wichtigsten Faktor für jeden

---

[1]) Ausführliches über das Wesen der Arbeitsteilung siehe Schmollers Grundriß von S. 324—367, dem sich folgende Ausführungen anschließen, und K. Büchers: Entstehung der Volkswirtschaft u. s. w. 3. Auflage 1900.

technischen und sozialen Fortschritt und was davon für die Frauenbewegung in Betracht kommt.

Der erhöhte Bevölkerungszuwachs wurde und wird noch zum Teil sehr stark gehemmt durch vorzeitige Vernichtung von Menschenleben durch Krankheit, Not und Krieg. Nur Völkern auf einer verhältnismäßig hohen Kulturstufe gelingt es, die hemmenden Einflüsse unschädlich zu machen. So hat Westeuropa hauptsächlich erst im letzten Jahrhundert ein rapides Wachstum seiner Bevölkerung aufzuweisen[1]).

Jeder Zuwachs an Menschen schafft eine größere Anzahl von Interessenten an den auf gleichem Raum verfügbaren Unterhaltsmitteln. Der Nahrungsspielraum wird alsdann für die Zahl der Menschen zu gering, wenn man unter den gleichen Bedingungen wie früher die Natur[2]) sich nutzbar macht. Gegen die Konsequenz einer Vermehrung der Bevölkerung können drei Momente einwirken[3]): 1. Die Menschen schränken die jährliche Zahl der Geburten auf natürlichem oder künstlichem Wege ein. 2. Die Natur führt die Zahl durch Unterernährung, Krankheit und Elend aller Art auf die Anzahl von Menschen zurück, die die Natur imstande ist, unter den alten Bedingungen ihrer Nutzbarmachung zu ernähren, und 3. Die vermehrte Anzahl der Bevölkerung wird durch den entstandenen Druck zu Fortschritten aller Art getrieben, die eine erhöhte Bevölkerungszahl zu ernähren ermöglichen. Bevölkerungszuwachs an und für sich führt nur für den letzten der drei Fälle zu einer Höherentwicklung des menschlichen Geschlechtes.

---

1) Vgl. Schmoller: Grundriß der Volkswirtschaftslehre. 1900. Bd. I, S. 172—173.

2) Im weitesten Sinne die Schätze der Natur verstanden.

3) Unter Nichtberücksichtigung der Auswanderung.

Dazu gehört, daß das Anwachsen eines Volkes zusammentrifft mit entsprechender Veranlagung und Entwicklungsfähigkeit seiner Rasse. Nur dann spannt die zunehmende Konkurrenz die Kräfte der Einzelnen, Mann wie Weib, in erhöhtem Maße an, nur dann kann eine Bewegung entstehen, die den Zweck hat, das Weib auch auf den Boden der neugewordenen Gesellschaftsordnung zu stellen[1]). In gleicher Weise übt — nur unter solchen günstigen Voraussetzungen, dann aber sehr stark — die Volksvermehrung einen Einfluß auf die politische Machtstellung eines Volkes aus. Das Volk gewinnt an Kraft, um innere und äußere Aufgaben zu lösen. Durch die Kraftentfaltung ist es in der Lage, seine Machtsphäre weit über seine Grenzen auszudehnen und die Leistung seiner Angehörigen in höherem Maße sicher zu stellen.

Die politische Sicherstellung begünstigt das Wirtschaftsleben und vermag Konkurrenten auf dem eignen Markte, auf dem Weltmarkte zu vereinigen. Dieser Einfluß der Bevölkerungszunahme wird komplizierter, sobald sie in den einzelnen Schichten eines Volkes nicht das gleiche Verhältnis innehält, und sich dadurch das Gleichgewicht in den ständischen Machtverhältnissen verschiebt. Auch eine leichtere Vermischung der Stände durch Rekrutierung höherer, für

---

[1]) Erst, „wenn überall das alte Kleid der Gesellschaftsverfassung zu eng wird, sinnt man auf technischen und Verkehrsfortschritt, entstehen die Impulse zu moralischen und geistigen Fortschritten, die verbesserten Institutionen. Die Völker, die dazu nicht imstande sind, stagnieren, altern, gehen zu Grunde, die Gesunden und Kräftigen vollziehen die Fortschritte, aber nicht ohne weiteres, sondern durch Ringen und Kämpfen, in einem Tasten und Suchen, das oft Generationen hindurch dauert“. (Schmoller: Grundriß, Bd. I, S. 187.)

die oberen Klassen reservierter Berufe aus niederen Klassen wird erzielt[1]).

Ein Mangel an Arbeitskräften aus derselben Bildungsschicht hat z. B. auf die berufliche Verwendung der Frau den Einfluß, daß sie zu Stellungen herangezogen wird, zu deren Ausführung Männer mit gleicher Bildung sich nicht für die gleiche Besoldung hergeben würden[2]).

Der durch die Bevölkerungsvermehrung geforderte erhöhte Betrag an wirtschaftlichen Gütern, den zu erzielen die Menschen sich immer mehr anspannen und vereinigen müssen, ist überhaupt nur denkbar durch die Arbeitsteilung.

„Die Arbeitsteilung ist das große Instrument des Kulturfortschrittes, des größeren Wohlstandes der größeren und besseren Arbeitsleistung[3])." Die Arbeitsteilung entsteht „aus geistigen und technischen Fortschritten" und erhält ihren „praktischen Anstoß" gewöhnlich durch den Kampf ums Dasein, der seine Verschärfung durch die Bevölkerungszunahme erfährt. „Die Arbeitsteilung ist eine, vielleicht die wichtigste Erscheinung des gesellschaftlichen Lebens; sie trennt und verknüpft die Menschen politisch, geistig, wirtschaftlich und zwar in dem Maße, wie die Kultur steigt, die gesellschaftlichen Körper größer und verschlungener werden." Sie „knüpft an gewisse geistige, moralische, kriegerische, technische Fortschritte an" und „setzt erst da ein, wo ein Teilstück einer Lebenssphäre so

---

[1]) Demokratisierung der Beamtenschaft, auch des Offizierkorps.

[2]) Ich denke an Beschäftigungen in Bureaus von Kaufleuten und Rechtsanwälten, Post, Telegraphie und Eisenbahnbetrieb.

[3]) Sch. G. B. I, S. 364.

anwächst, daß es nicht mehr Glied derselben bleiben kann, daß es dann seinen eignen Mann fordert, wo die Einfügung neuer Operationen und Tätigkeiten im hergebrachten Leben nicht geht, zu schlechte Resultate liefert, wo man für die neue Tätigkeit einen freiwilligen oder erzwungenen Vertreter und eine ernährende Lebensstellung für ihn findet oder eine solche schaffen kann"[1]). Arbeitsteilung läßt sich definieren „als die überwiegende Anpassung der menschlichen Arbeitskräfte an spezialisierte Aufgaben und an Tätigkeiten, welche der Einzelne nicht für sich, sondern für mehrere, für viele, für das Volk oder auch für Fremde ausübt"[2]).

Die Arbeitsteilung durchdringt den ganzen Gesellschaftskörper und alle seine Organe. Sie findet sich vor in jedweder Verwaltung mit all ihren Unterabteilungen, in der wirtschaftlichen, kriegerischen, kirchlichen Organisation und auch in künstlerischen und wissenschaftlichen Beschäftigungsarten[3]). Das Wesen einer jeden Organisation ist Arbeitsteilung. Daß eine derartige Erscheinung auf die Entstehung der Frauenbewegung einen maßgebenden Einfluß ausgeübt hat, erscheint fast selbstverständlich. Bis ins Einzelne diesem Einflusse nachzugehen, ist ein Ding der Unmöglichkeit, denn dann müßte unser ganzes wirtschaftliches, politisches, soziales, geistiges, auch kirchliches Leben zur Betrachtung herangezogen werden. Ich will mich hier begnügen, nur das Augenfälligste zu verfolgen, und nur die Hauptströme aufdecken, die zu einer Entstehung der Frauenbewegung von dieser Seite her geführt haben.

---

[1]) Sch. G. B. I, S. 326.
[2]) Sch. G. B. I, S. 327.
[3]) Sch. G. B. I, S. 359 ff.

Ich beginne mit einer Form der Arbeitsteilung, die sich auch in der Organisation der Frauen wiederfindet. Ich möchte sie Arbeitszusammenlegung nennen[1]). Sie läßt sich charakterisieren: als eine Zusammenlegung von Arbeit, die von vielen ausgeübt wurde, in die Hand weniger Personen oder einer einzigen, die im Auftrage derjenigen handeln bezw. handelt, die die Arbeit früher ausgeübt haben, jedoch in dieser Funktion kein freies, unabhängiges Organ in unserem Gesellschaftsleben bilden.

Ein Resultat dieser Arbeitszusammenlegung auf wirtschaftlichem Gebiete ist das Genossenschaftswesen. Eine größere Anzahl von Gewerbetreibenden schließt sich zusammen, wählt einen Ausschuß, und dieser Ausschuß wird z. B. beauftragt, gewisse Rohstoffe, Halbfabrikate oder Hilfsstoffe für sämtliche Genossenschaftsangehörige einzukaufen. Auf den Ausschuß ist dadurch die Arbeit übertragen, die jeder Einzelne der Genossenschaftsangehörigen sonst für sich zu leisten hätte. Der Ausschuß der Genossenschaft bildet aber kein unabhängiges, soziales Organ in unserem Wirtschaftsleben, sondern ist abhängig von dem Willen der Genossenschaftsglieder, ein Werkzeug dieser, und zerrinnt ohne diese in ein Nichts. Deshalb kann doch der Einfluß dieses Ausschusses ein maßgebender sein, aber immer nur in der Form, den Willen der Gesamtheit zu vertreten.

Durch die Arbeitszusammenlegung ist für den Einzelnen also eine Arbeits- und Zeitersparnis einge-

---

[1]) Sie läßt sich nicht unter die von Bücher aufgestellte Unterabteilung der Arbeitsteilung, die er begrifflich weit enger als Schmoller faßt, unterbringen, auch nicht unter seine Begriffe der Arbeitsvereinigung und Arbeitsgemeinschaft. (Bücher: Entstehung der Volkswirtschaft, S. 283 ff. und 329 ff.

treten; er kann diese ersparte Zeit benützen zu neuer Produktion, kann sie zur Hervorbringung neuer Güter verwenden. Doch zeigt sich bei diesem Beispiel nicht nur eine Ersparnis von Arbeit und Zeit, sondern auch von Kapital, denn die Einkaufsbedingungen für eine Genossenschaft sind durch die großen Gütermengen ihres Bedarfs und die wirtschaftliche Macht, die sie repräsentiert, viel günstiger als für den allein stehenden Menschen. Auch kann das Organ (der Ausschuß) in ganz anderer Weise alle Konjunkturen berechnen, wenn es seine ganze Aufmerksamkeit und Kraft nur nach einer Richtung verwendet, als der durchschnittlich Beanlagte in der Lage ist.

Auch die Frauenbewegung, wie jede organisierte Bewegung überhaupt, bedarf der Arbeitszusammenlegung. Anhänger der Frauenfrage schließen sich zusammen und wählen einen Ausschuß, einen Vertreter ihrer Interessen nach allen Seiten. Auf ihn ist dadurch die Arbeit übertragen, die jeder Anhänger der Frauenfrage zu leisten hätte. Und auch hier bildet der Ausschuß kein unabhängiges, freies Organ in unserem Gesellschaftsleben, sondern ist abhängig von dem Willen seiner Wähler; ohne die Wähler zerrinnt er in ein Nichts. Dabei verleiht die Zentralisation der Kräfte, als Begleiterscheinung der Arbeitszusammenlegung, den Wünschen des Weibes größere Energie und Macht. Durch den Zusammenschluß zu einer Bewegung treten die allen gemeinsamen Wünsche und allen notwendig erscheinenden Verbesserungen kraß zutage, während die minderwichtigen, sagen wir, individuellen Wünsche zurückgedrängt und ausgeschieden werden. Dazu kommt noch eine Arbeits-, Zeit- und Kapitalersparnis. Das Ersparen an Zeit und Arbeit durch Arbeitszusammenlegung für den Einzelnen resultiert aus dem Gesagten. Die Kapitalersparnis wird dadurch erzielt, daß die Frauenbewegung in großem Umfang für Unterkommen und Ausbildung für Frauen und Mädchen sorgt; zu nennen wäre: Arbeitsvermittlung, Mädchenherbergen, Fortbildungsschulen, Handelsschulen, Mädchengymnasien u. s. w. Welch große Kapitalaufwendungen wären notwendig, wenn jeder Einzelne auf sich angewiesen wäre, um sich in den Genuß derartiger Vorteile zu setzen.

Die Arbeitszusammenlegung ist kein spezifisches Moment des 19. Jahrhunderts. Aber für ein stärkeres Wirken dieses Faktors ist die Vorbedingung ein gesteigertes Tempo der Entwicklung, wie es das 19. Jahrhundert in der Aufwühlung aller Gesellschaftsschichten, im Niederreißen alter Verbände und Neubildung von Interessengruppen mit sich brachte. Schon die Vergrößerung der Interessengruppen ist noch ein günstiges Moment für die Arbeitszusammenlegung; dazu kommen der immer stärkere Zuzug nach den Großstädten, der dem 19. Jahrhundert besonders eigne, technische Großbetrieb und die Verbindung und Vereinigung von Menschen, die durch ein schnell und sicher funktionierendes Nachrichtenwesen ermöglicht wird. In diesen technischen Großbetrieben und ihnen ähnlichen modernen Verhältnissen ist auch die Schulung der Massen gegeben, die erst durch ein gewisses Maß von Unterordnungsfähigkeit, Selbstbescheidung und nüchterner Erwägung für solch gemeinsames Vorgehen, für eine Arbeitszusammenlegung, reif werden. Daß dieselben Momente auch in der Frauenbewegung wirksam waren, geht aus den vorangehenden Ausführungen über die Arbeitszusammenlegung in der Frauenbewegung hervor.

Die Arbeitszusammenlegung ist ein Glied der Arbeitsteilung[1]), weil sie die Gesellschaft mannigfaltiger gegliedert und für einige Glieder (Ausschuß) neue Erwerbsmöglichkeiten geschaffen hat, die oben ihre Charakterisierung erfahren haben.

Bevor ich die Einwirkung der Arbeitsteilung im einzelnen untersuche, gebe ich einen Gesamt-Überblick von der Umgestaltung des Wirtschaftskörpers im 19. Jahrhundert.

Die Arbeitsteilung auf wirtschaftlichem Gebiet war getragen durch die technischen und verkehrswirtschaftlichen Fortschritte seit Ende des 18. Jahrhunderts. „Ein neuer Arbeitsfaktor war auf die weltgeschichtliche Bühne getreten, übermächtig, die gesamten Existenzbedingungen unseres Geschlechts von Grund aus umwälzend: die Maschine. Damit ist eine Revolution der Arbeit gegeben, die an Bedeutung dem Übergang von Jagd zu Viehzucht und Ackerbau, von diesem zu Industrie und Handel weitaus überlegen ist. Die Abhängigkeit von der Natur wird abgelöst durch die Herrschaft über die Natur. Und gleich wie jede wichtigere Änderung der Arbeitsbedingungen mit naturgesetzlicher Gewalt der Lebensweise, der politischen und sozialen Verfassung und dem gesamten Gedankenkreis der davon betroffenen Gesellschaft den eignen Stempel aufdrückt, so muß auch diese bestimmend werden für den Charakter des Zeitalters, das unter ihrem Einfluß steht“[2]).

Die Arbeitskraft hat sich durch die technischen Erfindungen in Deutschland ca. um das 12fache der

---

[1]) Arbeitsteilung nach Schmollers Auffassung.

[2]) Th. Hertzka: Das Gesetz der sozialen Entwicklung, S. 296. 1886.

Leistungsmöglichkeit der arbeitenden Menschen vermehrt[1]). Die Nachfrage wurde eine regere, das Angebot, welches seinerseits auch die Nachfrage auf manchen Gebieten des Wirtschaftslebens wieder hob, wuchs. Die Großbetriebe nahmen auf Kosten der kleineren und mittleren Werkstätten in ungeahntem Maße zu.

Die mechanische Arbeit wird immer mehr den Händen der Menschen entrissen und der Maschine übertragen. Es tritt das Bestreben auf, dem Arbeiter mehr und mehr die überwachende und kontrollierende Tätigkeit in den Betrieben zu übertragen. Derjenige Betrieb scheint uns der vorgeschrittenste zu sein, in welchem man diesem Ideale am nächsten kommt. Neben der Dampfkraft tritt die elektrische Kraft auf.

Der Großbetrieb überflutet heute unser ganzes gewerbliches Leben, sein Charakter wird ein anderer, ein lebendigerer und intensiverer[2]). An Stelle der Produktion für den Einzelnen, den nachbarlich Bekannten, trat die Produktion für den Markt, für völlig Unbekannte. Das persönliche Gefühl der Verantwortung für die Güte der Ware dem Kunden gegenüber, mit dem man im Verkehr stand, oft und bei vielen Gelegenheiten in Berührung kam, und mit dem man vielfach durch gemeinsame Interessen verbunden war, ging in dem sich neu entwickelnden Wirtschaftsleben verloren.

Das Verkehrswesen hat sich wunderbar entwickelt und ist auch das Produkt einer höchst komplizierten Arbeitsteilung. Die „Macht des Raumes" ist überwunden. Ehemals „bewegte sich das Leben und der Verkehr in engen, gemessenen Grenzen, bis es der modernen

---

[1]) Sch. G. B. I, S. 219.

[2]) Schmoller: Zur Sozialpolitik der Gegenwart, S. 21. 1890.

Technik gelang, die Fesseln plötzlich zu brechen, die auf jeder großartigen Bewegung bisher gelastet"[1]). In verhältnismäßig kurzer Zeit kann jeder Fleck der Erde mit den mannigfachsten Waren versorgt werden, wenigstens überall da, wohin die Kultur bis jetzt vorgedrungen ist. Eine Verschiebung ganzer Bevölkerungsschichten wird durch den Verkehrsfortschritt erleichtert, die Auswanderung von Individuen und Massen ermöglicht.

Versammlungen auch in entferntesten Bezirken bahnen eine Verständigung über gemeinsame Interessen an[2]). Zeitungen übermitteln uns in wenigen Stunden die Geheimnisse des Erdballs. Die Beweglichkeit der Menschheit und des Einzelnen ist ins Ungeheure gewachsen. Eine Folge, zugleich eine Vorbedingung für den erweiterten Verkehr bildet das einheitlich geordnete Maß-, Münz- und Gewichtswesen und der moderne Bank- und Börsenbetrieb mit seinem vielgestaltigen Kreditwesen.

Dies führt uns zu der Entwicklung des heutigen Handels. Er hat die territorialen Grenzen überschritten und ist zu einem Welthandel ausgewachsen, der die Länder mit den Erzeugnissen und Früchten der entferntesten Weltteile versorgt. Der Lehre von Adam Smith und seiner Anhänger war es gelungen, in die übertriebene Schutzpolitik mit ihrer Absperrung eine Bresche zu legen. Der Handelsverkehr zwischen den Nationen war somit wesentlich erleichtert, und ein lohnender Austausch von Waren möglich gemacht. Die

---

[1]) Schmoller: Zur Sozialpolitik der Gegenwart, S. 18. 1890.

[2]) Parteitage, Handelstage, wissenschaftliche Kongresse u. s. w.

Gründung des preußisch-deutschen Zollvereins und die lange Friedenszeit belebten den Handel der deutschen Staaten untereinander und gaben ihnen den außerdeutschen Mächten gegenüber wenigstens einen gewissen Rückhalt, um nicht zu sehr von diesen handelspolitisch brutalisiert zu werden.

Es bleibt zu zeigen, auf welche Art diese Umgestaltung des Wirtschaftslebens für die Frauenbewegung beeinflussend ist.

Die Arbeitsteilung bewirkt im ganzen Gesellschaftskörper eine zunehmende Spezialisierung und Verästelung in allen Beschäftigungskreisen und Berufsarten; in den höheren und niederen, geistigen und physischen, künstlerischen und mechanischen. An die menschliche Tätigkeit werden dadurch immer speziellere Ansprüche gestellt.

Die Arbeitsteilung ermöglicht eine bis dahin ungeahnte Ausnutzung aller Arbeitskräfte, indem sie eine Fülle neuer Erwerbsmöglichkeiten schafft und brachliegende Kräfte beschäftigen kann. Anderseits bietet sie auch dem Menschen eine neue Möglichkeit, seiner individuellen Beanlagung nach einen Beruf wählen zu können und dadurch eine Erhöhung der Leistungsfähigkeit in seinem Berufe zu erzielen. Dies kommt auch einer Verwendung weiblicher Arbeitskräfte zu gute, indem sich an zahlreichen Stellen Berufe eröffnen, die geradezu eine weibliche Veranlagung erfordern[1]). Es kann natürlich nicht die Aufgabe dieser Arbeit sein, die vielartigen neuen Gelegenheiten einer beruflichen Beschäftigung des Weibes bis ins Einzelne zu verfolgen.

---

[1]) Vgl. Wilbrandt: Die deutsche Frau im Beruf. 1901.
Herkner: Frauenstudium der Nationalökonomie, S.22. 1899.

Eine durch weitgehende Arbeitsteilung hervorgerufene Entwicklung vollzieht sich ebenso wenig wie irgend eine andere in ruhigem, gemäßigtem Tempo; erst nach tastenden Versuchen stellt sich das Richtige und für die gesunde Entwicklung Grundlegende heraus. Die Kompliziertheit aller dieser Verhältnisse macht es unmöglich, von vornherein den Frauen bestimmte der neuentstandenen Berufe zu- oder abzusprechen. Wenn schon die Grenzen der physischen Leistungsfähigkeit schwer festzustellen sind, so noch mehr die der geistigen, da sich bei den Fortschritten auf jedwedem Gebiet immer mehr Zwischenglieder zwischen der unmittelbar individuellen Tätigkeit und dem Endresultat einschieben und der Charakter der Arbeit nicht mehr erkennen läßt, welche Ansprüche die Arbeit allein an die Leistungsfähigkeit des betreffenden Menschen stellt. Ferner vereinfacht die Arbeitsteilung die Tätigkeit der einzelnen Individuen, verlangt immer weniger eine möglichst allseitige Beanlagung und weist einseitigen körperlichen wie geistigen Fähigkeiten immer mehr die Möglichkeit zu, auf diese gestützt dennoch Beachtenswertes zu leisten. Nur die Erfahrung zieht hier nach und nach die Grenzen; das mußte auch das Weib erfahren.

Der Gang der Arbeitsteilung und Entwicklung des 19. Jahrhunderts verlangte im Wirtschaftsleben eine breite Schar unselbständiger Arbeiter. Die durch die Errungenschaften der Technik ermöglichte Verwendung auch schwächerer Körperkräfte zog das Weib in das Wirtschaftsleben. Die Schranken, die ehemals das Weib zurückhielten, waren nun auch nach der wirtschaftlichen Seite hin durch die Gewerbefreiheit, Freizügigkeit und Niederlassungsfreiheit hinweggeräumt, und so strömte die arbeitsuchende Frauenwelt ungehindert in das Wirtschaftsleben ein. Was sich ihnen an Beschäftigungen darbot, ergriffen sie, meistens von der Not gezwungen. Da nun die ganze Organisation des Wirtschaftslebens in einer fast vollständigen Neubildung begriffen war, so ließ sich das Erreichbare und Unerreichbare noch schwieriger als bei einer allmählichen Entwicklung scheiden; an einem Maßstab, der zur Vergleichung dienen konnte, fehlte es ganz. An diesem planlosen Überschwemmen ohne Maß und Ziel, ohne jedwede Zurückhaltung gingen viele Tausende von Frauen mit ihren Kindern zu Grunde, weil ein solcher Versuch gleich in so großen Mengen unternommen wurde, ehe das Schicksal weniger eine Warnung für die Massen werden konnte. Durch dieses Überstürzen der Neuerungen war es gar nicht möglich, daß die weiblichen Arbeitskräfte sich in normaler Weise den gebotenen Aufgaben hätten anpassen können, und aus den hieraus entstandenen Folgen, die wir im Kommenden schildern werden, entstand überwiegend die Frauenbewegung der niederen Schichten, die Arbeiterinnenbewegung.

Wenn man die Entstehung der Frauenbewegung in den niederen Kreisen verfolgen will, so hat man vornehmlich deren soziale und wirtschaftliche Lage als Ausgangspunkt zu nehmen. Es sind hier hauptsächlich drei Momente für die Verschlimmerung der sozialen Lage und somit für eine Frauenbewegung von Einfluß gewesen:

1. Die Verwendung der Dampfkraft und der Maschinen und die daraus sich entwickelnden Folgen.
2. Die Änderung der gegenseitigen rechtlichen Stellung von Arbeitgebern und -nehmern und
3. Die Verschiebung des sozialen Verhältnisses zwischen Arbeitgeber und -nehmer.

Die beiden letzten Punkte wurden wesentlich beeinflußt von der zur Zeit herrschenden egoistischen, individualistischen Wirtschaftslehre, die in dem Schlagwort des „laissez faire“ und „laissez aller“ gipfelt. Die Ziele und Wünsche der Frauenbewegung der hier in Betracht kommenden Kreise sind entgegengesetzt denjenigen der sogenannten bürgerlichen Frauenbewegung; sie drängen auf eine Entlastung des Weibes von Arbeit hin. Wir gehen nun an die Besprechung der drei Punkte, welche die wirtschaftliche und soziale Lage des arbeitenden Weibes hervorgebracht haben.

ad 1. Die Entstehung eines großen Arbeiterstandes in Verbindung mit der Technik und dem Großbetrieb ist eine der bedeutendsten Erscheinungen der wirtschaftlichen Entwicklung des 19. Jahrhunderts. Deutschland besitzt gegen 15 Millionen Arbeiter und unter diesen befinden sich zirka 5 Millionen Arbeiterinnen. Die Lage der weiblichen Angestellten war noch ungünstiger als die der männlichen Arbeiter. Die Maschine hat eine durchaus andere Gestaltung der Produktion, eine rasche Veränderung und Steigerung derselben bewirkt und die Arbeiterschaft auf einen ganz anderen, ihr vollständig fremden Boden gestellt. Dies hat auf ihre wirtschaftliche Lage den denkbar ungünstigsten Einfluß ausgeübt: blieb ehemals die Arbeiterin, soweit sie im Erwerb Beschäftigung fand, gewöhnlich viele Jahre bei ihrem Arbeitgeber, und gehörte ein Wechsel der Arbeitsstelle zu den Ausnahmen, so änderte sich die Lage seit dem Emporblühen der modernen Technik ganz und gar. Was einst Ausnahme war, wurde nun zur Regel. Die Arbeiterin sowohl als auch der Arbeiter wurden aus den Betrieben entlassen und verließen die Betriebe. Die Sicherheit der Anstellung ging verloren, und damit büßte die Arbeiterschaft die Aussicht auf regelmäßige Beschäftigung noch mehr ein.

Arbeitgeber und -nehmer standen sich fremd und interessenlos gegenüber, und das Gefühl der gegenseitigen Verantwortlichkeit war abhanden gekommen. Den Arbeitgeber kümmerte es wenig, ob er durch Arbeitsentlassung die Arbeiter der Not preisgab, dem Arbeitnehmer war es gleichgültig, ob er durch das Verlassen des Betriebes dem Arbeitgeber große Verluste bereitete. Dieser gegenseitige egoistische Standpunkt entwickelte sich immer mehr. Für den Arbeitgeber war er leichter zu tragen und unter Umständen mit großem Vorteil verbunden, für den Arbeitnehmer indessen schwerer; Nachteil und Schaden überwogen weit den Vorteil.

Ganz besonders stark traten diese Schattenseiten bei dem Weibe zu tage, weil das Weib, um nicht seine Stellung einzubüßen, sich leichter den Wünschen und Forderungen des Arbeitgebers unterwarf und wegen der herrschenden sittlichen Anschauungen weniger Bewegungsfreiheit hatte als der Mann.

Es ist das Bestreben der Unternehmer, die in dem Betriebe fest angelegten Kapitalien, das stehende Kapital, möglichst schnell zu amortisieren und die Produktionskosten so weit wie möglich herabzusetzen. Der Wunsch der Konsumenten kam dem entgegen, da all das einer Verteuerung der Ware entgegenwirkt. Der Unternehmer war ferner darauf bedacht, die höchste Leistungsfähigkeit mit möglichst geringem Aufwand zu erzielen. Einzelne verfolgten dieses Ziel mit Hintenansetzung jeglicher sittlicher und moralischer Erwägung. Um dies Ziel zu erreichen, ließen sie die Maschine täglich, so lange es ging, ausnützen, ihre Geschwindigkeit vermehren, die

Arbeitslöhne herabsetzen und versuchten Roh- und Hilfsstoffe möglichst billig einzukaufen. Eine solche Ausbeutung der Arbeitskraft neben einer Herabsetzung der Löhne untergrub die Gesundheit der Arbeiterbevölkerung, nahm ihr Nerven- und Spannkraft, beraubte sie der Zeit, sich frei zu beschäftigen, für ihre Ausbildung etwas zu tun, sich Stunden der Ruhe und Erholung zu gönnen und sich ihren Angehörigen zu widmen. Auch die kommende Generation wurde dadurch geschädigt, und die Kraft der Nation drohte untergraben zu werden.

Ganz besonders stark litt unter diesen Verhältnissen das weibliche Geschlecht. Es ist vielen Krankheiten leichter ausgesetzt und für manche Ansteckung leichter empfänglich[1]). Die lange Arbeitszeit entzog das Weib dem Haushalt, der Erziehung und Fürsorge der Kinder und untergrub jedes Familienleben. Die jugendlichen Arbeiterinnen waren dem häuslichen Einfluß entzogen und fanden nirgends eine Vorbereitung für einen künftigen Haushalt. Die Mütter waren nicht in der Lage, gesunde Kinder zu gebären, da sie durch lange Arbeitszeit geschwächt waren und obendrein bis kurz vor der Entbindung arbeiteten. Ihnen fehlte die Zeit und die Gesundheit, ihre Kinder selbst zu nähren und für sie zu sorgen. Die Folge hiervon war eine große Sterblichkeit und Stumpfheit in der heranwachsenden Generation.

Die Löhnung, die sich ehemals überwiegend in Naturalien vollzog, verwandelte sich mit der Ausbildung

---

[1]) Vgl. Epstein: Die Erwerbstätigkeit der Frau. 1901.
M. Runge: Das Weib in seiner geschlechtlichen Eigenart, IV. Aufl., S. 28. 1900.

der modernen Volkswirtschaft in verhältnismäßig kurzer Zeit in ein Geldlohnsystem. Arbeiterinnen und Arbeiter waren nicht an Geldwirtschaft gewöhnt und anfangs unreif für sie. Ihnen fehlte und fehlt teilweise das Verständnis, Ausgaben und Einnahmen in ein richtiges Verhältnis zu bringen. Sie verschaffen sich vor allem keinen Überblick über die Ausgaben, die aus dem Tagesbedarf herausfallen, z. B. Kleidung, Miete, Heizung, Krankheit u. s. w. Plötzlich treten solche Anforderungen an sie heran. Sie können diesen nicht nachkommen, und so geraten sie ins Schuldenmachen hinein, und damit ist oft der Grund für den vollständigen Ruin einer Familie geschaffen.

Es hat erst langer Zeit bedurft, bevor die Klasse der Unternehmer die Erfahrung machte, daß die Arbeiterklasse bei höherem Lohn an Leistungsfähigkeit in bestimmten Grenzen zunimmt, ebenso wie durch Einschränkung der Arbeitszeit.

Der geringe Lohn verursachte das Hauptelend der arbeitenden Klasse, die Menschen hausten zu 4—6 in einem Zimmer, das ihnen als Küche, Wohn- und Schlafraum diente. Die Geschlechter waren nicht getrennt; Schlafburschen und Schlafmädchen teilten das Gemach. Es kam vor, daß den Arbeitern und Arbeiterinnen ein gemeinsamer, großer Saal vom Unternehmer zugestellt war, in dem sie sich über Nacht aufhalten konnten, während er Tags über als Arbeitsraum verwandt wurde. Ich muß mir versagen, auf alle Einzelheiten, die aus den schlechten Lohnverhältnissen und langer Arbeitszeit entsprungen sind, hinzuweisen.

Die geringere Lohnhöhe traf nicht nur die Arbeiter, sondern auch die Unternehmer selbst. Der geringe Lohn schloß eine erhebliche Kaufkraft des Arbeiters und der Arbeiterinnen aus. Die großen Stapelwaren sind aber auf den Verbrauch durch die Masse der Bevölkerung angewiesen. Eine kaufkräftige Bevölkerung wirkt sehr belebend auf die Produktion und den Handel von Stapelwaren. Aus diesem Grunde ist schon eine Erhöhung des Lohnes und dadurch der Lebenshaltung, Konsumtionsfähigkeit und Arbeitskraft wünschenswert.

Eine Besserung der Lohnverhältnisse trat, so lange die Arbeiterschaft unorganisiert war, nur durch eine Erhöhung der Nachfrage, aber nur insoweit ein, daß sie eben für den Arbeiter erträglich wurde.

ad 2. Durch die egoistisch-individualistische Strömung der Zeit änderten sich die Arbeitsverhältnisse vollständig. Freiheit der Bewegung, Freiheit des Handels, Freiheit in der Lösung und Schließung von Arbeitsverträgen wurde verlangt. Dem Staate wies man nur die Pflicht zu, die Ordnung nach innen und außen aufrecht zu erhalten, dafür zu sorgen, daß dem einzelnen Menschen seine Freiheit in dem angeführten Sinne gewährleistet wurde. Diese individualistisch-egoistische Richtung kam dem Bedürfnis der Zeit entgegen und erlaubte den großen wirtschaftlichen Aufschwung; sie löste das Wirtschaftsleben von den beengenden Schranken, die durch die Stabilität der vorangehenden Wirtschaftsepochen errichtet waren. Die Lichtseiten des wirtschaftlichen Liberalismus sind hervorragender Natur; er hat einen bedeutenden Anteil an der großen und schnellen Entwicklung unseres Wirtschaftslebens. Doch für die arbeitenden Klassen sind für lange Zeit die Schattenseiten überwiegend gewesen.

Die rechtliche Freiheit des Arbeitsvertrages war gewährleistet, indessen gereichte sie damals den arbeitenden Schichten wenig zum Vorteil. Die praktische Bedeutungslosigkeit dieser Freiheit zeigt sich am stärksten bei den weiblichen Arbeitern. Von Haus aus mittellos und mit einem Verdienst, der gerade hinreichte, die notwendigsten Bedürfnisse zu decken, waren sie den Bedingungen des wirtschaftlich unvergleichlich stärkeren Unternehmers preisgegeben. Die Arbeitsverträge wurden fast ganz einseitig vom Unternehmer festgesetzt. Für die Fälle von Arbeitslosigkeit, Krankheit und Alter war der Arbeiter trotz seiner kargen Entlöhnung sich selbst überlassen. Eine rechtliche Verpflichtung des Arbeitgebers, den Arbeiter in Tagen der Not zu unterstützen, bestand nicht. Das Wohl und Wehe Hunderter von Familien war so oft von einem Unternehmer abhängig.

ad 3. Unter derartigen Umständen konnte schon hierdurch das alte, patriarchalische Verhältnis zwischen Arbeitgeber und -nehmer nicht bestehen bleiben, es mußte sich notwendigerweise auflösen, und diese Auflösung ging sehr schnell von statten. Die freundschaftlichen Beziehungen verschwanden immer mehr. Die Berührungspunkte, die ein Wohnen in ein und demselben Hause oder Haus bei Haus bot, gingen durch entferntes Wohnen verloren. Denn die Arbeitgeber wohnten für sich und zogen mit ihren Standesgenossen in einen bestimmten Teil der Stadt, und die Arbeiter ihrerseits bezogen auch ein gemeinschaftliches Viertel, das sich durch Billigkeit und Ärmlichkeit auszeichnete. Diese Trennung verursachte ein gegenseitiges Sichfremdwerden = Nichtmehrverstehen. Zu letzterem gab sich wohl auch keiner mehr die Mühe, und die schroffe Trennung der Arbeiterklassen von den Besitzenden trat so auch äußerlich zu tage.

Die Rücksichtslosigkeit der Unternehmer gegenüber den Interessen der Arbeiter, die Gleichgültigkeit, ob deren Gesundheit in ihrem Betrieb Schaden litt, ob ihnen Gelegenheit geboten wurde, für ihre und ihrer Nachkommen sittliche und geistige Ausbildung etwas zu tun, alles das stachelte die Arbeiter auf, befestigte ihren Haß gegen die Unternehmer und machte in ihnen den Wunsch rege, sich gegen eine derartige Vernachlässigung, ja Brutalisierung zu verteidigen. Die Verbreitung der Gedanken der Unzufriedenheit, und die gegenseitige Aufwiegelung wurde ihnen erleichtert durch den Umstand, daß der Großbetrieb die Arbeitermassen konzentrierte und ihnen durch gemeinsamen Wohnort und Geselligkeit, gemeinsame Gefühle und Interessen das Bewußtsein der Kraft und Macht verlieh, ihr Selbstbewußtsein stärkte[1]). Die Anhäufung des Elends mußte schließlich der Grund zur Abhilfe werden. Das Elend in Massen war nicht mehr zu übersehen und ein beständig wachsendes Verbrechertum mußte die Gesellschaft auch zur Berücksichtigung der sozialen Ursachen dieser Gefahr führen[2]).

Die dreifache Bedingung: Die Umwälzung auf technischem Gebiet, die Änderung der gegenseitigen rechtlichen Stellung von Arbeitgeber und -nehmer und die Verschiebung des Verhältnisses zwischen Arbeitgeber und -nehmer hatten die schlechte soziale Lage des arbeitenden Weibes herbeigeführt und die Frauenbewegung der arbeitenden Schichten erzeugt. Die Frauenbewegung aus diesen Kreisen zielt vornehmlich darauf hin, sowohl die Arbeitszeit als auch die Art der

---

[1]) Vgl. S. 18/19 dieser Arbeit.

[2]) Vgl. Th. Ziegler: Die soziale Frage, S. 147. 1895.

Arbeit zu regeln und zu beschränken. Das Weib aus dem niederen Volke kämpft um die Möglichkeit, sich wieder mehr ihrem Haushalt und ihren Kindern widmen zu können[1]). Es möchte von Erwerbsarbeit entlastet sein, ist aber mit Arbeit maßlos überhäuft.

Die Interessen des arbeitenden Weibes der unteren Volksklassen sind mit denen seines männlichen Arbeitsgenossen, seines Mannes, Bruders und Sohnes, eng verbunden. Daher hat diese Bewegung soviel wie nichts gemein mit der Frauenbewegung der mittleren und höheren Stände, denn diese führen ja überwiegend nur den Kampf um die Erwerbsmöglichkeit. Wegen der gleichartigen Interessen aller arbeitenden Schichten hat sich die Frauenbewegung der niederen Volkskreise der Bewegung arbeitenden Klassen angeschlossen und ist ein Glied der sozialdemokratischen Bewegung geworden. Hervorgegangen ist die Arbeiterinnenbewegung, wie die ihrer Brüder, wesentlich aus wirtschaftlichen Zuständen.

In einem milderen Lichte erscheint das Opfer, das der Kampf ums Dasein forderte, wenn wir es vom Standpunkt der kommenden Generation aus betrachten. Für diese war es, wenn auch eine bittere, doch heilsame Erfahrung, die eine Auslese der Berufe bewirkt hat. Diese Scheidung der spezifisch männlichen und weiblichen Berufe darf natürlich nicht als abgeschlossen betrachtet werden. Aber doch finden wir jetzt in vielen Betrieben ausschließlich nur Frauen oder nur Männer; in anderen Betrieben sind sie zusammen tätig, aber jedem Geschlecht fällt dann gewöhnlich eine bestimmte

---

[1]) Jedenfalls solange die alte Gesellschaftsordnung noch nicht durch die sozialdemokratische ersetzt ist.

Tätigkeit zu[1]). Die Zukunft wird sicherlich immer mehr innerhalb der Betriebe eine feste Arbeitsteilung zwischen den Geschlechtern vornehmen. Die folgende Tabelle zeigt eine solche Arbeitsteilung zwischen den Geschlechtern nach Berufen und ist eine Zusammenstellung aus Wilbrandts Arbeit: Die deutsche Frau im Beruf (S. 49—52 und 62—63).

Hauptgebiete des Frauenwerbs sind:

+ Landwirtschaft	—! Häkelei und Strickerei
! Näherei	Tuchmacher
+! Waren- und Produktenhandel	+ Bäckerei (Verkäuferin)
+! Beherbergung und Erquickung	— Papier und Pappe
! Häusliche Dienste	— Bleicherei
+ Weberei	+! Posamenten
Schneiderei	+ Fleischer (Verkäuferin)
—! Wäscherei	+ Buchbinder
—! Spinnerei	+ Kunst- und Handelsgärtnerei
—! Gesundheitspflege	+ Schuhmacher
Erziehung und Unterricht	Hausierhandel
+ Tabak	+ Ziegelei- und Tonröhrenfabrik
Lohnarbeit wechselnder Art	+ Fayence und Porzellan
! Strickerei und Wirkerei	Kirchen, religiöse Anstalten
+! Kleider- und Wäschekonfektion	—! Künstliche Blumen
! Putzmacherei	+ Musik, Theater.

Kleinere Berufe, in denen die Frau überwiegt:

! Korsetts	—! Spulerei
+! Kravatten und Hosenträger	! Spielwaren aus Leder
! Ausstattung von Puppen	! Spielwaren aus Metall
! Schreibfedern aus Stahl	! Handschuhmachen
! Gummi und Haarflechterei	! Zeitungsverlag u. s. w.

[1]) Siehe Tabelle.

Berufe, in denen das Weib fast garnicht vorkommt:

Fracht und Rollfuhrwerk	**Barbiere**
Reederei und Schiffsbetrieb	**Glaser**
Kupferschmiede	**Klempner**
Stein- oder Braunkohle	**Drechsler**
Staats- und Gemeindedienst	**Binnenschiffahrt**
Ofensetzer	**Salzgewinnung**
Gas- und Wasser-Installateur	**Mühlenbauer**
Rot- und Gelbgießer	**Tischler**
Straßenbahnbetrieb	**See- und Küstenschiffahrt**
Stellmacher und Wagner	**Stubenmaler**
Eisenbahnbetrieb	**Tüncher**
Böttcher	**Büchsenmacher**
Gasanstalten	**Maurer**
Steinmetzen	**Stuckateure**
Feldmesser	**Steinsetzer**
Brunnenmacher	**Schlosserei, Geldschränke**
Grob- (Huf-) Schmied	**Dachdecker**
Scherenschleifer	**Hafen- und Lotsendienst**
Wagenbau	**Zimmer- und Schiffbau.**
Nagelschmiede	

Die Zahl der weiblich Beschäftigten hat noch abgenommen in folgenden Betrieben:

Glashütten, Schriftgießereien, Holzschnitt, Friseure, Staatsdienst.

Zugenommen noch:

Forstwirtschaft, Verarbeitung unedler Metalle, Uhrmacher, Lampen, Maler, Handel, Telegraphendienst, Eisenbahn.

Zeichenerklärung: ! mehr als die Hälfte weibliche Arbeiter im Beruf tätig; + Zunahme; — Abnahme der weiblichen Arbeiter.

Diese Arbeitsteilung nach Geschlechtern ist, wie gesagt, primitiv und wird sich erheblich mit der Zeit verschieben. Wahrscheinlich wird das Weib aus manchen Betrieben verschwinden, weil es sich oft nur mit Überspannung seiner Kräfte darin zu halten vermag. Die äußerste Grenze der Beschäftigungsmöglichkeit des Weibes ist sicher erreicht, wenn man die derzeitigen Verhältnisse berücksichtigt, die freilich durch neue technische Erfindungen nach der einen oder anderen Seite hin ganz verschoben werden können. Einige Verschiebungen in den Berufen sind auch aus der Tabelle zu ersehen.

Im großen und ganzen werden die Angaben der Tabelle auf Verhältnisse schließen lassen, die der Anstellungsfähigkeit des Weibes entsprechen. Denn der Unternehmer läßt sich durchschnittlich nur von rein wirtschaftlichen Gesichtspunkten leiten; er stellt das Weib überall dort an, wo es seinen Platz genügend ausfüllt, weil das Weib ein billigerer und bequemerer Arbeiter ist als der Mann.

Außer der qualitativen Berufsscheidung hat die Erfahrung zugleich ein Quantum täglicher Arbeitszeit festgestellt. Die ganzen wirtschaftlichen Zustände mit ihren üblen Folgen, die in Deutschland überwiegend der Vergangenheit angehören, haben auch die Bedingungen festgesetzt, unter denen das Weib unter den ungünstigsten Umständen arbeiten darf. Diese sind fixiert in der Arbeiterschutzgesetzgebung. Die Gefahr war zu groß, daß bei Fortbestehen der früheren Zustände die ganze Arbeiterschaft degenerieren würde[1]). Ein Unglück, das natürlich nicht die Arbeiter allein beträfe, sondern

---

[1]) Vgl. Th. Ziegler: Die soziale Frage, S. 118—119. 1895.

die ganze Gesellschaft in Mitleidenschaft zöge. Aus diesen und anderen Gründen wurde die Arbeitszeit der Frauen und Kinder eingeschränkt. Man verbot dem Weibe die Nachtarbeit und die Beteiligung an irgend einer Arbeit, welche die Gesundheit gefährden oder die Sittlichkeit untergraben konnte[1]). Später ging man noch weiter und setzte, freilich nur in geringem Maße, Ruhepausen fest, die dem Weibe ermöglichen sollten, seinen Haushalt zu führen und nach den Kindern zu sehen. Für die Zeit vor und nach der Niederkunft wurden ebenfalls schützende gesetzliche Verordnungen erlassen. All das waren geringe Abschlagszahlungen, aber sie haben doch Elend und Not um ein geringeres gesteuert.

Indirekt war die schlechte soziale Lage des in der Industrie tätigen Weibes ein Grund für die Entstehung der Frauenbewegung der mittleren und höheren Schichten. Wenn auch gerade die entgegengesetzte Erscheinung eine der Hauptgründe für die Entwicklung der Frauenbewegung in diesen Kreisen war, nämlich, wie schon gesagt, das Verlangen nach neuen Berufsmöglichkeiten, so bot sich das Massenelend dem Weibe aus den höheren gesellschaftlichen Schichten als bestes Agitationsmittel dar, um die Frauen in behaglicher Lebensstellung aus ihrem Gleichmut herauszureißen und immer weitere Frauenkreise für diese Mißstände empfindlich zu machen, umsomehr, weil doch auch eine große Anzahl von Mädchen und Frauen aus mittleren und höheren Gesellschaftskreisen sich in ähnlicher wirtschaftlicher Lage befanden.

Der Grund dafür lag in der wirtschaftlichen Entlastung der Familie von der Arbeit, die ihr früher

---

[1]) Vgl. Schmoller: Zur Sozialpolitik der Gegenwart, S. 70. 1890.

zukam, und in dem Mangel einer ausgleichenden Entwicklung innerhalb der weiblichen Berufe für die mittleren und höheren Klassen der Gesellschaft. Denn „während des 17. bis letzten Viertels des 18. Jahrhunderts hatte es den Anschein, als ob sich die Tätigkeit des Weibes nur auf die Beschäftigung im Hause erstrecken und das Weib dem öffentlichen Leben fremd bleiben sollte. Diese Lage war geschaffen worden durch die wirtschaftliche Entwicklung in dieser Zeit mit dem Streben des Mannes sich Erwerbsmöglichkeiten tunlichst zu sichern. Alle Gewerbe waren durch die engherzigen Bestrebungen, die damals die Zünfte beseelten, zu einer Art Monopol geworden. Der dreißigjährige Krieg hatte Deutschland hinlänglich entvölkert, die Sitten der Bevölkerung verroht, den Wunsch nach Bildung in weiten Kreisen aussterben lassen und die Bedürfnisse seiner Bewohner gegen früher sehr herabgesetzt. All das hat zu dem Stillstand im Gewerbsleben beigetragen, und es bedurfte erst langer Zeit, ehe sich das deutsche Volk von dem großen Blut- und Kraftverlust jener Schreckensjahre erholt hatte, um den Mut zu finden, einer neuen Blütezeit entgegen zu arbeiten[1]“.

Ein weiterer Grund für den Stillstand der Berufsentwicklung für das weibliche Geschlecht lag im 19. Jahrhundert in einer direkt entgegengesetzten Erscheinung wie im 17. und 18. Jahrhundert. Die Menschen des 19. Jahrhunderts arbeiteten mit geradezu fieberhafter Tätigkeit an dem Fortschritt der Menschheit. Dabei folgte die Fortbildung des weiblichen Geschlechts und der Ausbau der Erwerbsmöglichkeiten für die mittleren und höheren Stände nicht entsprechend. Man ließ das

---

[1]) G. Cohn: Frauenfrage. Berlin 1896.

Weib auf seinen althergebrachten Wirkungskreis — das Haus — beschränkt. „Das Hauswesen wurde namentlich seit der Reformation, welche Ehe und Hauszucht unter ihren fürsorglichen Schutz nahm, und besonders in evangelischen Landen noch mehr als vorher als der Inbegriff alles dessen betrachtet, dem das Weib nachzufragen, das es überhaupt in seinen Interessenkreis zu ziehen habe[1].“ Die Männer des 19. Jahrhunderts vergaßen über ihrer Arbeit ihre Pflicht, das Weib auf die Höhe der gewonnenen Kultur zu ziehen[2]. Durch diese Versäumnis ist die Differenz zwischen den beiden Geschlechtern, ich meine die Bildungsdifferenz, zu groß geworden. Diese Verzerrung im Verhältnis von Mann zu Weib mußte zu Unzuträglichkeiten und damit zu dem Einsetzen der Frauenbewegung und einer Beseitigung des Stillstands in der weiblichen Berufsentwicklung führen.

Die Wirtschaft des Hauses, die ehemals fast ganz auf sich selbst ruhte, wurde durch die moderne Entwicklung immer mehr ein Glied des nationalen Wirtschaftskörpers und von ihm fortdauernd abhängiger. Die Familie büßte immer mehr und mehr ihre wirtschaftlichen Produktionsfunktionen ein und begann gegen Ende des 19. Jahrhunderts sich einem „Institut der sittlichen Lebensgemeinschaft“ zu nähern. Die Funktion der Familie und ihre Wirtschaft waren noch im 18. Jahrhundert so ausgedehnt, daß nicht nur die Frau des

---

[1]) Duboc: Fünfzig Jahre Frauenfrage in Deutschland, S. 21. Leipzig 1896.

[2]) Hippel behauptet das schon für seine Zeit in seinem Buch über die bürgerliche Verbesserung des Weibes, S. 63. Neue Auflage 1881.

Hauses und die Töchter, sondern auch noch eine Anzahl von Verwandten, je nach der Größe der Familie, in ihr vollauf Beschäftigung fanden und ihre Kräfte nutzbringend verwerten konnten. „Die Frau war ein bedeutsamer wirtschaftlicher Wertfaktor. Die alte Familienwirtschaft bot ihr in beschränktem Kreise reiches persönliches Glück und bot es vielen[1]).“ Das Bild wurde plötzlich ein anderes mit der modernen wirtschaftlichen Entwicklung, mit seiner Technik, seinem Kapitalreichtum, seinem ausgebildeten Verkehrswesen und seinen Großbetrieben. Die Umwälzung, die dadurch in unserm Wirtschaftsleben hervorgerufen wurde, erstreckte sich bis auf die Familie und schuf ganz neue Beziehungen zwischen der Familie und der Gesellschaft. Für das Weib bedeutete sie vorläufig eine Verschlechterung ihrer sozialen Lage.

Denn Beschäftigungen, die ehemals gerade hinreichten, um neben den rein hauswirtschaftlichen Tätigkeiten der Speisezubereitung, der Reinigung des Hauses u. s. w. die Zeit des Weibes nutzbringend auszufüllen, wurden den weiblichen Gliedern der Familie in der modernen Wirtschaft entzogen. Das Spinnen und Weben, Nähen, Kleidermachen und Stricken übernahm die Fabrik. „Das Backen, Schlachten, Waschen ist selbst teilweise auf dem Lande aus der Familie tatsächlich ausgeschaltet[2]).“ Die Wasserversorgung übernimmt schon in kleinen Städten die Gemeinde, ebenso wird z. T. die Beleuchtung von Gesellschaften oder der Stadt geliefert, in modernen Häusern ist das Heizen der Haushaltung ebenfalls entzogen. Die Erziehung

---

[1]) Gnauck-Kühne: Soziale Lage der Frauen, S. 24. 1895.
[2]) Sch. G. Bd. I, S. 245.

ist zu einem Teil der Schule übertragen, welche die Kinder den halben Tag der mütterlichen Fürsorge entzieht und so die freie Zeit und Beschäftigungslosigkeit des Weibes vermehrt. Die freie Zeit verlangt aus seelischen, ethischen und materiellen Rücksichten nach Ausfüllung und nutzbringender Verwendung. Die Ausgaben für Dinge, die vorher im Hause selbst beschafft wurden, belasten jetzt den Haushaltungsetat. Die Geldmittel, um diesen erhöhten Forderungen zu genügen, ist das Weib gezwungen, sich durch einen anderen Erwerb zu verschaffen. Durch die Entlastung der Familie wurden Millionen weiblicher Arbeitskräfte frei, die eine Beschäftigung außerhalb des Hauses teils suchten, teils zu suchen genötigt waren. Die hieraus sich entwickelnden Mißstände lieferten einen weiteren Entstehungsgrund für die Frauenbewegung.

Die Wirkungen, welche die Entlastung der Familie in den unteren Volksschichten mit sich brachte, sind schon oben des näheren charakterisiert. Das Weib wurde hier nicht brotlos, es fand in den Fabriken, wenngleich unter ungünstigen Verhältnissen, wenigstens ein Unterkommen und Beschäftigung. Ganz anders lagen die Verhältnisse für die Mädchen aus den mittleren und höheren Ständen des Volkes. Der oben geschilderte Stillstand der weiblichen Berufsentwicklung schaffte für diese Kreise keinen Ausgleich gegen die Entlastung der Familie von Arbeit. Für diese Stände waren entsprechende Berufsarten bei weitem nicht in genügender Zahl vorhanden. Den Mädchen, Frauen und Witwen aus bürgerlichen Kreisen wurde die Möglichkeit eines Fortkommens durch den Umstand noch erschwert, daß die Zahl der Eheschließungen in ihren Kreisen stetig abnahm oder aus wirtschaftlichen Rücksichten erst in vorgeschrittenem Alter stattfanden und so die elterliche Familie länger belastet wurde. Die wenigen Berufe, die dem weiblichen Geschlecht offen standen, waren daher ungemein überfüllt und dem Andrang entsprechend schlecht bezahlt. Zu diesen wenigen Berufen gehören das Erziehungswesen, das Unterrichtswesen jeder Art und die Krankenpflege[1]). Vielen dieser Berufsarten hing obendrein noch ein gewisses Vorurteil an. Nur ein geringer Teil des weiblichen Geschlechts aus den kleineren Bürgerkreisen konnte in angemessenen Berufen seinen Unterhalt finden, der größere Teil verbrachte sein Leben in kümmerlicher Armut, sank auf die Stufe der Proletarier herab oder verkam.

Besonderer Nachdruck ist zu legen „auf die geistige Not Tausender, um nicht zu sagen Millionen, von Frauen und Mädchen, welche mit den ihnen von der Natur verliehenen Gaben nichts anzufangen wissen, weil eine oberflächliche, futile Erziehung weder diese Gaben noch die Energie des Willens hinreichend ausgebildet hat, um ihnen die Verwertung derselben zu ermöglichen[2])“. Diese seelische Not vieler Tausender war eben dadurch hervorgerufen, daß die Familie für das Weib nicht mehr genug, oder für viele Kreise nicht angemessene Arbeit bot und dem weiblichen Geschlecht die Wege zu einer höheren Berufsart versperrt waren[3]). Die aus obigen Gründen resultierende Entlastung der Familie mit ihren

---

[1]) Vgl. S. 45 und 46.

[2]) F. X. Kraus: Essay, Bd. I, S. 255—256.

[3]) Rößler: Zur Frauenfrage, S. 19—20. 1870.

Vgl. die Schriften: Berliner Frauen-Vereins-Konferenz 1869. Holtzendorff: Verbesserungen u. s. w. 1867. L. Otto: Das Recht der Frauen auf Erwerb. 1866. Pinoff: Erziehung der Frauen zur Arbeit 1867 u. s. w.

schwer empfundenen Folgen mußte naturgemäß in diesen Kreisen einen gewaltigen Gärungsstoff anhäufen, der dann die Frauenbewegung immer mehr zum Ausbruch brachte. Die Frauen begannen zum Zwecke erfolgreicherer Abhilfe sich zu vereinigen; sie organisierten sich und gründeten untereinander Verbände. Mit einer größeren Organisation war es nun geboten, ein Programm zu entwerfen. Dem Programm gab man praktische Forderungen und ideale Ziele. Es verfolgte den Zweck, seinen Mitgliedern eine feste Richtschnur des Handelns zu geben, materielle Vorteile direkter und indirekter Art zu gewähren, dem Programm aber auch eine werbende Kraft zu verleihen. Denn jede Organisation hatte das Bestreben sich auszudehnen und wird dies tun, so lange sie lebenskräftig ist, sie hat den Wunsch erobernd aufzutreten. Abgesehen von den praktischen Zielen, treibt in einer solchen Organisation der Wunsch zu herrschen und zu beherrschen vorwärts. Das Gros der Anhänger der Frauenbewegung setzt sich aus den auf Erwerb angewiesenen Frauen und Mädchen zusammen.

Ohne Zweifel waren durch die Arbeitsteilung Hunderte von Berufstätigkeiten geschaffen, die sich für das Weib eigneten, und die das Weib imstande war auszufüllen. Die liberalen Berufe, die sich auf geistige Veranlagung, aber auch, um diese in befriedigendem Umfang auszufüllen, auf ein gewisses Maß von Körperkraft und Nervenwiderstandsfähigkeit stützen, können eben so wenig, sogar viel weniger als die rein körperlichen, in ihrem ganzen Umfange dem Weibe a priori zu- oder abgesprochen werden[1]). Die Erfahrung muß

---

[1]) Vgl. S. 34/35 dieser Arbeit.

den Beweis erbringen, und die Resultate, die sie liefert, müssen die Forderung der Frauen erhärten oder entkräften. Die Erfahrung kann nur durch einen allseitigen Versuch gewonnen werden. Während aber in den niederen Schichten das Individuum größtenteils die Folgen eines solchen Versuchs, mißliche und gute, zu tragen hat, hat bei den verantwortungsreicheren Stellungen der höheren Stände, die Folgen in allererster Linie der soziale Körper zu tragen, erst in zweiter Linie das Individuum, und dieses oftmals gar nicht. Deshalb ist es nicht ratsam, z. B. die liberalen Berufe alle auf einmal frei zu geben und sie dem Experiment auszusetzen und so das Gesamtwohl der Gesellschaft von der Möglichkeit eines günstigen oder ungünstigen Erfolges abhängig zu machen.

So führt das Interesse der Gesellschaft für die bürgerliche Frauenbewegung zu einem ähnlichen Resultat, wie in der proletarischen das Interesse der Arbeiterin zu der Notwendigkeit einer Auslese der Berufsarten. Damit hätten wir die wichtigsten Momente in dem Verhältnis der wirtschaftlichen Umbildung der Gesellschaft zu der Frauenbewegung aufgedeckt.

III. Abschnitt.

Schwierigkeit einer Umbildung der Gesellschaft und deren Einfluß auf die Entstehung der Frauenbewegung.

Beharrungsvermögen der Gesellschaft.

Die Umbildung der Gesellschaft an sich lenkte bis jetzt die Aufmerksamkeit auf sich. Ich werde nun die inneren Schwierigkeiten verfolgen, mit denen eine gesellschaftliche Entwicklung zu kämpfen hat, und werde veranschaulichen, inwieweit die Entstehung der Frauenbewegung hiervon beeinflußt wurde.

In vorangegangenen Erörterungen handelte es sich um Erscheinungen, die zu einer Entwicklung der Gesellschaft und als solche zur Frauenbewegung hinführten. Es lassen sich aber auch Momente aufzeigen, die der Entwicklung entgegenarbeiten und gerade durch ihren hemmenden Einfluß für die Entstehung der Frauenbewegung von Bedeutung sind.

Gegen das Einströmen der Frauen in die durch Arbeitsteilung neu eröffneten Berufe macht sich ein Widerstand von seiten derer geltend, die überhaupt schon im Beruf oder gerade in solchen Berufen stehen, von denen sie einen Einfluß auf diese neuen Berufe gewinnen können. Durch die Berufszusammengehörigkeit bildet sich eine Art Cliquenwesen, sodaß die schon in dem Beruf Stehenden für sich oder ihre Berufsgenossen diese neuen Erwerbsmöglichkeiten beanspruchen. Eine Berechtigung für ein solches Vorgehen werden sie in den seltensten Fällen aufweisen können: einmal weil diese Teilberufe oder Beschäftigungsarten in der Lage sind, eine viel größere Anzahl von Menschen zu beschäftigen, 2. weil durchschnittlich von denen, die sie auszuüben haben, nicht mehr im gleichen Maße eine so umfassende Fachvorbildung verlangt wird, wie der früher ungeteilte Beruf forderte, und 3. weil die spezialisierten Berufe in der Lage sind, viel einseitigere Kräfte zu beschäftigen, und nicht verlangen, daß sich die Betreffenden in dem allgemeinen Beruf bewährt haben. Ich denke z. B. an das Verhältnis des Spezialisten zum praktischen Arzte.

Besonders stark und heftig tritt dieser Widerstand bei all den Berufen und Beschäftigungen zu tage, zu denen man nur auf dem Wege einer längeren Ausbildung gelangen kann, die etappenmäßig von bestimmten Bedingungen (Examen) abhängig ist, weil dann jede einzelne Etappe von den Neulingen erst erkämpft werden muß. So wurde dem weiblichen Geschlecht z. B. nicht nur der Zugang zur Universität, sondern vorher schon die Gymnasialbildung und die Zulassung zum Abiturientenexamen erschwert. Deshalb wird ein freies Einströmen, das den neu gewordenen Verhältnissen entspricht, für lange Zeit vereitelt und unmöglich gemacht.

Außer aus gewissen Vorurteilen läßt sich ein solcher Widerstand gegen die Zulassung aus dem „Kampfe um die Futterplätze“ erklären. Dieses Vorgehen braucht nicht einer Spezialisierung der Berufe im allgemeinen entgegenzuwirken, sondern verhindert nur, daß sich die neuen Berufe an die ihrer Sonderart entsprechenden spezialisierten Arbeitskräfte verteilen. Und letzteres geschieht in den untersten wie obersten Volks- und Berufsschichten in gleicher Weise und betrifft besonders stark die Spezialisierung von Berufen, die für das Weib besonders geeignet sind, ohne ihm aber anstandslos überlassen zu werden.

Der Widerstand gegen eine Fortentwicklung überhaupt liegt viel tiefer, nämlich in einer Tendenz der Gesellschaft, in dem Zustand zu beharren, in welchem sie sich augenblicklich befindet. Diese Eigenschaft der Gesellschaft sei Beharrungsvermögen genannt. Es findet sich überall vor, sowohl in gesellschaftlichen Institutionen, als auch in dem Leben des einzelnen Individuums. Die geistigen, sittlichen, wirtschaftlichen und religiösen Anschauungen, das Verwaltungs-, Verfassungswesen, kurz das gesamte innere und äußere Leben des Menschen und der Menschheit wird von ihm durchsetzt.

Ganz im allgemeinen läßt sich konstatieren, daß das Beharrungsvermögen mit dem Alter wächst. Innerhalb der Gesellschaft unterliegen dem Beharrungsvermögen vornehmlich die Kreise der Satten und Zufriedenen, die durch eine Änderung der Gesamtlage keine Verbesserung ihrer persönlichen Lage zu erwarten haben, eher eine Verschlechterung befürchten müssen. Weiter auch derjenige Teil der Gesellschaft, der augenblicklich herrscht und durch eine Veränderung Macht einzubüßen hat (politische, geistige, sittliche, religiöse oder wirtschaftliche). Eine besonders starke Tendenz, beim Alten zu beharren, findet sich in den landwirtschaftlichen Kreisen vor, wo die jährliche Gleichförmigkeit der Betätigung, die durch Grundbesitz bedingte Seßhaftigkeit und der Zusammenhang der Geschlechter eine gewisse Schwerfälligkeit und Unbeweglichkeit großzieht.

Die Sitte und das Recht, die Tradition und Pietät gegen alles Alte u. s. w., das alles sind Ausdrucksformen dieses Beharrungsvermögens. Bei jeder Gelegenheit, bei der Frage der Verbesserung der öffentlichen Körperschaften und anderer sozialer Einrichtungen, der Umwandlung geistiger, sittlicher, religiöser und wirtschaftlicher Anschauungen, überall da macht das Beharrungsvermögen seine Macht geltend. Dennoch bleiben Unterschiede vorhanden entweder durch den Stärkegrad, in dem einzelne Individuen oder Gesellschaftskreise in irgend einer Sache verharren, oder daß vielleicht bei ungefähr gleichem Grade des Beharrungsvermögens sich dieses bei den einen auf religiöse, bei anderen auf politische Verhältnisse wirft. So können dieselben Personen oder Kreise in einer Frage jeden Fortschritt verneinen, während sie auf anderem Gebiet ihn eifrig zu fördern bemüht sind.

Dieses Beharrungsvermögen setzt einer jeden Weiterentwicklung Widerstand entgegen, und so finden wir es auch wirksam bei der Entstehnng der Frauenbewegung. Die Bestrebungen der Frauenbewegung waren etwas Neues und gegen dieses Neue, allein schon weil es etwas Neues, Ungewohntes, der Beharrungstendenz Widersprechendes war, richtete sich eine grundlose Reaktion der großen Masse darauf, die eine ablehnende, oft mehr oder minder feindliche Stellung einnahm. Es lebten ja noch alle die, welche unter den alten Anschauungen groß geworden waren. Sie hielten an diesen fest, sowohl Mann als Weib. Die vollständig neuen Bestrebungen widersprachen dem Idealbild von Weiblichkeit, das sich allmählich Anerkennung verschafft hatte und das seine Geburtsstunde in der Reformationszeit feierte[1]). An die Stelle dieses Idealbildes versuchte sich das Neue einzudrängen, doch bevor ihm das gelang, mußten die alten Anschauungen überwunden, mußte in sie wenigstens eine Bresche gelegt werden. Diese Neuschaffung eines Idealbildes ist aber nicht das Resultat der Frauenbewegung, sondern die Frauenbewegung ist überwiegend Folge der Umbildung der entsprechenden sittlichen Anschauungen. Freilich hat die Frauenbewegung wie vieles andere dazu beigetragen, die neuen Anschauungen zu verbreiten, erzeugt sind sie aber nicht von ihr[2]).

Dem Beharrungsvermögen besonders stark unterworfen ist das Recht. Die rechtliche Fixierung einer Anschauung geschieht erst dann, wenn sich die neuen rechtlichen Anschauungen von der Mehrzahl oder den entscheidenden Menschen die Anerkennung verschafft haben; dasselbe gilt von der Aufhebung irgend eines Rechtssatzes oder einer Rechtsinstitution. Das Recht hinkt jeweils den Bedürfnissen nach, da zuerst die Bedürfnisse vorhanden sein müssen, aus denen sich alsdann das Recht entwickelt. Umgekehrt wirkt das Recht noch über die Zeit seines Angebrachtseins hinaus, d. h. wenn sich die rechtlichen Institutionen schon ihrer Natur oder ihrer Form nach überlebt haben. Das hat für die Frauenbewegung spezielle Folgen gehabt. Die alten Rechtsverhältnisse hatten viel Anlaß zur Unzufriedenheit und Mißstimmung in Frauenkreisen gegeben. Die daraus entstandenen Forderungen zielten darauf hinaus, eine rechtliche Besserstellung des Weibes

---

[1]) K. Bücher: Frauenfrage im Mittelalter, S. 55. 1882.
[2]) s. S. 19—22 der Arbeit.

anzustreben. Diese Forderungen waren zum guten Teil berechtigt, weil eben die betreffenden Rechtsverhältnisse zu der Gesamtentwicklung und -anschauung in einem Mißverhältnis standen, und dieses Mißverhältnis ward ein weiterer Grund, die Frauenbewegung zu erzeugen und fortzuentwickeln. Hier hatte also das Beharrungsvermögen die Umbildung der Rechtssätze aufgehalten.

Auf der anderen Seite bot das geltende Recht der Frauenbewegung eine große Unterstützung durch das Recht der Vereinsbildung und freien Versammlung, soweit sie nicht politischer Natur waren.

Für deutsche Verhältnisse waren die Forderungen des weiblichen Geschlechts zur Zeit der Entstehung der Frauenbewegung auf rechtlichem Gebiete nicht so bedeutend wie für englische. Für England waren sie ein Hauptgrund für die Entstehung der Frauenbewegung, denn in England war die rechtliche Stellung der Frau im Verhältnis zu Deutschland viel untergeordneterer Natur[1]). Die neuere Zeit der Entwicklung der Frauenbewegung in Deutschland mit ihren z. T. radikalen Forderungen hat die rechtliche Umgestaltung des Verhältnisses von Mann und Frau, die völlige Gleichstellung der beiden Geschlechter auf allen Gebieten mehr in den Vordergrund gestellt.

Auf wirtschaftlichem Gebiet waren für Deutschland die durch das Beharrungsvermögen bedingten Zustände für die Entstehung der Frauenbewegung von größerer Bedeutung. Als Beispiel eines solchen wirtschaftlichen Beharrens und Festhaltens am Althergebrachten und die dadurch entstandenen Folgen, die weiteres Material

---

[1]) vgl. die Frauenbewegung in den verschiedenen Kulturländern. Unsere Zeit, Neue Folge 1870. — St. Mill: Hörigkeit der Frau, S. 50—85. 1872. Übersetzt von J. Hirsch 1891.

zur Bildung der Frauenbewegung geliefert haben, sollen die Zustände in der Hausindustrie etwas ausführlicher vorgeführt werden.

Die Hausindustrie ist so recht ein Berufsfeld des weiblichen Geschlechtes, und der größere Teil der in der Hausindustrie beschäftigten Kräfte gehört dem weiblichen Geschlecht an[1]). Ihre Entstehung und Ausbreitung geht Hand in Hand mit der Entwicklung der territorialen Volkswirtschaft, mit der Auflösung der Stadtwirtschaft, der weiteren Ausbildung der Geldwirtschaft und der beginnenden Ansammlung von Kapital. „Die technischen Fortschritte der Renaissancezeit haben neben den Verkehrsverbesserungen aus der kleinen Werkstatt des Altertums und Mittelalters seit dem 15. und 16. Jahrhundert in Süd- und Westeuropa die Hausindustrien und die arbeitsteiligen Manufakturen gemacht[2]).“

Anfänglich war die Lage der hausindustriellen Arbeiterin günstig. Ihr war durch den Unternehmer ein geregelter Absatz gesichert, denn damals entstanden mit dem territorialen Markt auch internationale Beziehungen, die gerade auf das Gebiet der gewerblichen Produktion sehr belebend wirkten. Den Hausindustriellen war mittels des Verschleißes der Ware durch den Verleger der Weg zum Markte erspart. Ihre Abhängigkeit vom Unternehmer war gering, da die gewerbliche Produktion zunächst gewöhnlich als Nebenbeschäftigung diente. Die Hausindustriellen waren in ihrer überwiegenden Anzahl kleine Landwirte, die nur dann der gewerblichen Beschäftigung nachgingen, wenn die Wirtschaft ihnen dazu Zeit ließ. Auch waren die haus-

---

[1]) Vgl. Wilbrandt: Die deutsche Frau im Beruf, S. 210. 1901.

[2]) Sch. G. B. I, 360.

industriell Beschäftigten z. B. in Preußen durch die sogenannten Reglements zu Beginn des 18. Jahrhunderts, welche die Beziehungen zwischen den Hausindustriellen und Verlegern regelten, vor Aussaugung durch die Verleger geschützt. Die wirtschaftlichen Verhältnisse lagen unter den eben geschilderten Zuständen für den industriellen Arbeiter männlichen wie weiblichen Geschlechts gut.

Diese Verhältnisse schlugen aber ganz um, als die hausindustrielle Beschäftigung von einem Nebenberuf zu einem Hauptberuf wurde und als sich der maschinelle Großbetrieb vieler Produktionszweige bemächtigte, die ehemals die Hausindustrie inne hatte. Dazu gesellte sich noch die Wirkung der liberalen, individualistisch-egoistischen Wirtschaftslehre, deren Folgeerscheinung schon an anderer Stelle besprochen wurde. Die Hausindustrie konnte mit dem Großbetrieb den Wettbewerb nicht aufnehmen, da der maschinelle Großbetrieb ihr technisch weit überlegen war und unter normalen Verhältnissen einen Wettbewerb überhaupt ausschloß. Denn die Maschine hat nicht nur den Vorteil, daß sie bedeutend schneller arbeitet, sondern auch präziser, neben wenigeren Arbeitskräften auch sonst geringere Produktionskosten fordert, also, was das Entscheidende ist, auch billiger arbeitet. Die hierdurch erzeugte Wandlung in unserem ganzen Wirtschaftsleben stieß die Hausindustriellen in die mißlichste wirtschaftliche Lage.

Um mit dem Großbetrieb in Wettbewerb treten zu können, wurde der Preis, den der Verleger für die Ware zahlte, stets herabgesetzt. Das bedingte für den hausindustriellen Arbeiter gewöhnlich nicht nur eine Herabsetzung seiner Einnahmen, sondern obendrein noch eine Verlängerung seiner Arbeitszeit. Dazu hatte er noch neben dem technischen Risiko oft auch das Unternehmerrisiko zu tragen. Besonders drückend gestaltete sich für ihn die Lage dadurch, daß er unregelmäßig beschäftigt wurde. Verringerte sich die Nachfrage, so schränkte der Verleger seine Aufträge ein, wurde die Nachfrage eine bessere, so wurde die betreffende Arbeiterin mit Arbeit überhäuft und konnte diese kaum bewältigen; hörte die Nachfrage nach dem Artikel auf, so unterließ der Verleger weitere Aufträge, und die betreffende Arbeiterin, die nun nicht mehr als Nebenbeschäftigung, sondern als Hauptberuf für den Verleger arbeitete, war brotlos. Aber auch für den Fall der Arbeitsüberhäufung gelang es der Arbeiterin nicht, ihre Lage wesentlich zu verbessern, denn der maschinelle Großbetrieb hielt die Preise so nieder, daß sie der hausindustriellen Arbeiterin nur ein kärgliches Einkommen im Verhältnis zu der aufgewandten Zeit sicherten. Diese unregelmäßige Beschäftigungsweise schuf für die Arbeiterin die ungünstigsten Existenzbedingungen.

Der Verleger indessen konnte sich leicht den Marktverhältnissen anpassen; er war nicht, wie der Fabrikbesitzer z. B., bei einer Krisis genötigt, weiter zu produzieren, um wenigstens das in der Fabrik steckende Kapital nicht brach liegen zu lassen, oder seine Maschine durch Stillstand zu ruinieren. Des Verlegers Betriebskapital ist ohne jegliche Bedeutung, zwingt ihn wenigstens nicht, die hausindustriellen Arbeiter aus diesem Grunde weiter zu beschäftigen. Der Gewinn aus einer guten Konjunktur fällt dem Unternehmer zu, der einzelne Hausindustrielle ist nicht in der Lage, eine glückliche Konjunktur auch zu seinem Nutzen auszubeuten: seine isolierte Stellung der wirtschaftlichen Macht des Unternehmers gegenüber, der Mangel an Organisation befähigt ihn nur selten, eine Lohnerhöhung durchzusetzen, wenn sie ihm nicht freiwillig zugestanden wird.

Die hausindustrielle Arbeiterin selbst hat aber auch ganz den Maßstab über den Wert ihrer geleisteten Arbeit verloren. Der Grund liegt darin, daß im hausindustriellen Betrieb gewöhnlich die ganze Familie, Weib, Mann und Kinder tätig sind. Nur selten beschäftigt die Hausindustrie Gesellen und Lehrlinge. Das birgt einen großen Nachteil in sich. Der Hausindustrielle bringt die Arbeit seiner Familienangehörigen niemals so hoch in Anschlag, wie fremde Arbeitshilfe, die er nach der Zeit oder nach dem Stück zu bezahlen hat. Auch rechnet er sich niemals im vollen Umfang die Arbeitszeit an, die Familienangehörige und er auf die Herstellung der Ware verwenden. Dadurch ist ein Preisdrücken von seiten der Verleger sehr erleichtert. Für den Fall eines Überangebotes von Arbeitskräften verschlechtert ein gegenseitiges Unterbieten ihre soziale Lage noch mehr.

Die Lebenshaltung der in diesem Beruf Tätigen wird so von Stufe zu Stufe niedriger, und eine allgemeine Unterernährung ist dann das Typische in diesen Kreisen. Dazu kommt noch, daß der Hausindustrielle leicht in die Hände wucherischer Ausbeuter fällt, die dann den Ruin einer Familie vervollständigen. Eine solche schlechte soziale Lage hat natürlich für die gesundheitliche, erzieherische und sittliche Entwicklung einer Familie die verhängnisvollsten Konsequenzen. Der Arbeitsraum, in dem während des ganzen Tages vom frühen Morgen bis spät in die Nacht gearbeitet wird und der vom Staub der Arbeit und Ausdünstungen der Stoffe und Menschen die denkbar schlechteste Luft enthält, dient als Küche, Wohn- und Schlafraum. In ihm halten sich die kleinen Kinder auf, die so weit wie möglich zur Arbeit herangezogen werden. Die Erziehung der Kinder wird nicht nur vernachlässigt, sondern unterbleibt ganz. Dazu kommt noch der entsittlichende Einfluß des Zusammenschlafens von Kindern und Erwachsenen in einem Raum und noch die Aufnahme von Schlafburschen und Mädchen in die enge Behausung. Die Mutter hat also nicht allein gewerbliche Arbeiten zu verrichten, sie hat zu kochen, die Wirtschaft zu führen, soll alles in Ordnung halten, zu alledem noch die Kinder überwachen und erziehen.

Diese Zustände herrschen überall da, wo die Hausindustrie mit der Fabrikindustrie im Wettbewerb steht. Vorläufig ist gar keine Besserung zu erwarten. Diese Art von Hausindustrie ist dem Untergang verfallen und stirbt allmählich aus, wenn nicht der Fortschritt der Technik dem Hausindustriellen Werkzeuge an die Hand gibt, die eine Wandlung hervorbringen. Unter den heutigen sozialen Verhältnissen wäre das nicht einmal wünschenswert. Andere Hausindustrien, die nicht von dem Wettbewerb der großen Industrie betroffen werden, erfreuen sich zum Teil einer günstigeren sozialen Lage, können wenigstens durch eine entsprechende soziale Gesetzgebung in ihrer wirtschaftlichen Stellung gehoben werden.

Die Schilderung dieser Verhältnisse sollte die Folgen des Beharrungsvermögens zeigen, das — natürlich nicht allein — einen großen Teil der Bevölkerung an einer Betriebsart festhalten läßt, die längst schon durch die technischen Fortschritte überholt ist. Wir sehen, das Festhalten an der alten Betriebsart erzeugte das denkbar größte Elend. Ganze Gegenden sind dadurch verelendet; die Kraft dieser Bevölkerungsschichten wurde gebrochen.

Das Festhalten am Alten ward auch hier teilweise durch die Überlieferung hervorgerufen. Die absterbenden Glieder wurden langsam ersetzt; es rückte ein Glied nach dem andern in die entstandene Lücke ein, und die Kinder wurden überwiegend das, was ihre Eltern waren: Hausindustrielle, übernahmen das Elend und vererbten es auf Kind und Kindeskinder. Das Beharrungsvermögen hat hier dahin gewirkt, die Bildung einer Frauenbewegung in den niederen Schichten des Volkes zu beschleunigen, denn das Beharrungsvermögen brachte die hausindustriellen Arbeiter in eine sozial noch ungünstigere Lage als die Fabrikarbeiterinnen. Sie schlossen sich daher den Fabrikarbeitern mit ihren Bestrebungen allmählich an und bildeten einen guten Teil vom Kern der Arbeiterinnenbewegung, die als ein Glied der sozialistischen Bewegung anzusehen ist, und deren Entstehung aus den mißlichen sozialen und wirtschaftlichen Verhältnissen der Arbeiterinnen zu erklären ist und schon am anderen Ort erörtert wurde.

Bei dem Weib aus dem Mittelstande, das auf hausindustriellen Erwerb angewiesen ist und aus ähnlichen Gründen wie das Weib aus dem niederen Volke an seiner Erwerbsart festhielt, kommt noch hinzu, daß es oft in erster Linie das Bestreben hat, die Notwendigkeit eines Erwerbes zu verheimlichen. Das Weib wird dazu veranlaßt durch die mit einer bestimmten Klasse verbundenen Anschauungen und ihr zugehörende Lebensstellung. Das Weib greift deshalb zu einer noch so schlecht bezahlten, hausindustriellen Arbeit aus dem Wunsche heraus, gegen die Klassentradition des Standes, dem es angehört, nicht zu verstoßen, um so wenigstens nach außen hin der Klasse weiter zugezählt zu bleiben.

Die Klassenanschauungen und Sitten und die von ihnen geforderte Lebenshaltung sind durch Jahrhunderte entstanden und verändern sich nur sehr langsam und allmählich. Sie unterliegen wohl am stärksten dem Beharrungsvermögen der Gesellschaft. Ein strafloses Durchbrechen ihrer Anschauungen ist sehr schwer möglich und gelingt nur wenigen, die an sittlichen und geistigen Anlagen den Durchschnitt ihrer sozialen Klasse weit überragen. Dazu bedarf es großer Anstrengung und Willensstärke und zwar aktiver, vorwärtsdringender, nicht passiver. Diese aktive Willensstärke ist in den Kreisen, die sich in einer solchen schlechten Lage befinden, so daß sie auf hausindustriellen Erwerb angewiesen sind, verhältnismäßig selten. Denn durch die Unterernährung, Aufregung, Kummer und Sorgen aller Art ist der Körper mit seinen Nerven geschwächt und seine Widerstandsfähigkeit verringert; sowohl in körperlicher, als auch geistiger und sittlicher Beziehung macht sich dann Energiemangel geltend. Freilich die passive Willensstärke, das Ausharren auf einem Fleck, und die Verteidigung des Grund und Bodens, auf dem man steht, trifft man in diesen Kreisen in großer Stärke vor. Sie finden ihre Belebung in dem Wunsche, sich, wenn auch nur nach außen hin, auf der Höhe der einmal eingenommenen sozialen Stellung zu halten und nicht in eine sozial tiefer stehende Klasse herabzusinken. Es ist naturgemäß, daß aus diesen Kreisen und denen, die mit ihnen fühlen und empfinden, eine beträchtliche Anzahl von Frauen hervorwuchs, die durch das Bestreben geleitet wurden, sich selbst oder ihren Mitschwestern Erwerbsquellen und -zweige zu eröffnen, deren Ausübung ihrer sozialen Stellung entsprach und nicht mit einem Makel behaftet war, der eine Art Ausstoßung aus ihren Gesellschaftskreisen herbeiführte. Durch derartige Folgen des Beharrungsvermögens aufgestachelt, setzten sie sich in der Frauenbewegung zur Wehr.

Diejenigen Frauen, die sich nicht in die Hausindustrie oder eine der herkömmlichen Berufsarten einzwängen ließen, fühlten den Zwang des Beharrungsvermögens in umgekehrter Weise. Während die oben geschilderten Frauen infolge des eigenen Beharrens unter dem Drucke überlebter Wirtschaftsformen leiden, haben diejenigen Frauen und Mädchen, die neuentstandenen Berufsarten oder Beschäftigungen sich zuwandten, unter jener oben charakterisierten Abneigung gegen alles Neue zu leiden.

Die betreffenden Frauen und Mädchen waren aber durch die ganzen Lebensverhältnisse dazu genötigt, sich von den alten Anschauungen zu befreien, in ihnen diese Seite des Beharrungsvermögens zu überwinden, und nun suchten sie eine Organisation zu schaffen, um diese alten Anschauungen in ihrer Umgebung zu bekämpfen, und schufen sich diese in der Frauenbewegung.

Bis jetzt wurden verhältnismäßig nur die Schattenseiten des Beharrungsvermögens betont, doch stehen diesen auch große Lichtseiten gegenüber. Das Beharrungsvermögen zwingt die Menschen, das Neue auszubilden, die Kräfte zu sammeln und für ein Wachstum der Kräfte zu sorgen. Das Neue, das zu dem Alten in einem Gegensatz steht, wird gezwungen, seine Lebensfähigkeit zu beweisen. Es braucht sich aber zu dem Alten nicht notwendig in einem Gegensatz zu befinden, sondern es kann gleichsam die Frucht des Alten sein. Dann hat aber das Neue sich mit dem bestehenden Gesellschaftskörper auseinanderzusetzen und eine Form anzunehmen, die eine Einreihung in den gesamten Gesellschaftsorganismus ermöglicht, und diesem Einreihen setzt sich dann das Beharrungsvermögen entgegen. Das Mißtrauen, das man gegen das Neue hat, hat auch seine Berechtigung, denn das Alte hat Proben seiner Tauglichkeit abgegeben, während das Neue meistens mehr theoretische Gründe als praktische Bewährung aufzuweisen hat.

Die vornehmlichsten Träger der Überwindung des Beharrungsvermögens sind die Jungen und diejenigen, die sich mit weitausgreifenden Plänen und Wünschen aller Art tragen. Eine tatsächliche Überwindung des Alten tritt aber nur dann ein, wenn das Neue sich so weit gekräftigt hat, daß es imstande ist, den ihm entgegengesetzten Widerstand zu überwältigen. In normalen Zeiten ist der größte Teil der Gesellschaft mit ihrer Organisation und ihren Strömungen dem Beharrungszustand unterworfen, und jeweils nur ein verhältnismäßig kleiner Teil hat dieses überwunden, befindet sich in dem Zustand der Umbildung. In welcher Stärke das Beharrungsvermögen in dem einzelnen Gesellschaftskörper auftritt, ist überwiegend von der Natur und der Höhe der Beanlagung seiner Glieder und äußeren Einflüssen abhängig, die auf die Gesellschaft als Ganzes sowohl, als auch auf die Individuen einwirken. Ist das Beharrungsvermögen in der Gesellschaft nur in sehr geschwächtem Maße vorhanden, so kommt das Neue zu früh zum Durchbruch und zur Geltung. Eine Verbindung mit dem schon Bestehenden kommt dann nur locker, vielleicht gar nicht zustande, und das führte mit der Zeit zu einem unausbleiblichen Zerfall der Gesellschaft mit ihrer Organisation.

Die Wirkung des Beharrungsvermögens hat für die Frauenbewegung den angeführten, großen Vorteil gehabt, daß sie nicht in ein Nichts zerflossen ist, sondern sich gestaut, den Beweis innerer Kraft abgelegt und dadurch ihre Berechtigung dokumentiert hat.

Das Beharrungsvermögen, dessen Wirksamkeit wir in der Gesellschaft beobachtet haben, hat weiter die segensreiche Folge, daß das Neue sich mit dem Alten verschmilzt und so mit ihm allmählich eine kompakte Masse bildet, eine neue Einheit darstellt. Könnte man sich das Beharrungsvermögen aus der Gesellschaft wegdenken, so wäre überhaupt keine Organisation, keine Vergesellschaftung der Menschen möglich. Ohne Beharrungsvermögen wäre auch keine Frauenbewegung denkbar. Die Gesellschaft mit all ihren Institutionen wäre ohne dieses zu einer Scheidung des Nützlichen vom Schädlichen gar nicht fähig. Es gäbe ja kein Mittel, die Wirkung einer Maßregel zu erproben.

Der Übergang vom Alten zum Neuen wird dadurch noch inniger gestaltet, daß das Neue an die Stelle des Alten nicht plötzlich tritt, sondern ganz allmählich eindringt, und zwar tastend und versuchend, stetig im Kampf gegen das Beharrungsvermögen und dadurch fortwährend zum Ausreifen gezwungen, sich immer reicher ausgestaltend. Das Alte, durch das Beharrungsvermögen gestützt, nötigt also das Neue, sich nach allen Richtungen auszubauen, seine Behauptungen und Forderungen teils weiter auszudehnen, teils sie aber zu modifizieren oder ganz aufzugeben. Dadurch wird das Spiel der Kräfte nach allen Seiten hin angeregt und wachgerufen, und je länger der Kampf dauert, mit desto feineren Waffen wird er geführt.

Die Frauenbewegung liefert hierfür ein gutes Beispiel. Ehemals stützte sie ihre Forderungen auf die Schlagworte der großen französischen Revolution; auf

Menschenrechte, Freiheit und Gleichheit, dann versuchte sie ihnen einen Halt zu geben durch die Benützung der Entwicklungslehre, das Recht der Individualität, und schließlich kam man wieder zurück, nicht auf den Menschen als einen Allgemeinbegriff, sondern auf das Weib und seine Individualität, gab eine Verschiedenheit der Geschlechter zu und versuchte nun darauf seine Forderungen zu gründen, ohne aber die alten Argumente vollständig fallen zu lassen[1]).

Das Neue kann sich aber zum Alten in einem solchen Widerspruch der gegebenen politischen, wirtschaftlichen oder allgemein kulturellen Lage befinden, daß das Alte sich vor dem Neuen vollständig verschließt, es aus seinen Reihen ausstößt, brutalisiert und einen Kampf gegen das Neue unternimmt, der außerhalb des Rahmens der allgemeinen moralischen, sittlichen und rechtlichen Ordnung liegt. Ein derartiges Verhalten wird zu einem ernsten Konflikt führen, und der Ausgang dieses Konfliktes ist dann von der Machtverteilung[2]) der beiden sich feindlich gegenüberstehenden Parteien abhängig. Die Frauenbewegung, die zu Ende des 18. Jahrhunderts sich in Frankreich während der großen Revolution gebildet hatte, sah sich einer solchen Aufgabe gegenübergestellt, und die Führerinnen gingen an ihr zu Grunde. Die damalige Zeit war für eine solche Entwicklung noch nicht reif; „auch eine Revolution siegt nur dann, wenn sie vorbereitet ist und das Alte zuvor innerlich überwunden hat“.

---

[1]) H. Lange: Grenzlinien. 1897. Kempin: Grenzlinien. 1897. Gnauck-Kühne: Soziale Lage. 1895.

[2]) Nicht nur physische, sondern auch geistige, sittliche und religiöse.

Wachsen der Schwierigkeit für die Weiterentwicklung der Gesellschaft bei fortschreitender Entwicklung.

Je höher die Gesellschaft entwickelt ist, desto mehr Beziehungen und Verbindungen existieren, mit denen sich das Neue auseinandersetzen, in die es sich hineinpassen muß, wenn es nicht zusammenhanglos draußen stehen bleiben will. Der ganze Organismus der Gesellschaft ist größer, umfangreicher und komplizierter geworden. Die einzelnen Organe verfeinern sich, sodaß das Neue mit dem Alten weit inniger verbunden, förmlich verschweißt werden muß, als es bei einfachen Kulturverhältnissen nötig wäre. Nur eine solche Verwachsung des Alten mit dem Neuen leistet für eine gesunde Weiterentwicklung der Gesellschaft und ein ferneres, gutes Funktionieren ihrer Organe gewähr. Dies gilt für die Gesellschaft als Ganzes, wie für jeden ihrer einzelnen Verbände.

Die Hauptkomplikation besteht in der Vergrößerung des Verwaltungskörpers[1]), der sich immer neue Unterorgane bei zunehmender Entwicklung verschafft, sich dadurch immer mehr nach unten verbreitert, während die höchsten Spitzen immer mehr von der untersten Schicht entfernt, in die Höhe gerückt werden, wodurch ihr Einfluß direkt und indirekt auf ein immer breiteres Feld ausstrahlt.

Je höher wir in die Schichten der Gesellschaft aufsteigen, je mehr wir uns den leitenden Zentralgewalten nähern, um so bedeutungsvoller und ausschlaggebender finden wir für die gesamte Gesellschaft ein gutes Funk-

---

[1]) **Hier alle zentralistischen Organe der Gesellschaft, auch wirtschaftlicher, geistiger und sozialer Art verstanden.**

tionieren der Organe, desto sorgfältiger müssen die Einführungen des Neuen erwogen werden, um so inniger muß das Neue mit den umliegenden, über-, unter- und nebengeordneten Organen verschmolzen werden. Ein Fehler oder Mißgriff trifft da nicht wenige, sondern eine ganze Reihe von Unterorganen und dadurch einen größeren oder kleineren Teil der Gesellschaft und die ihr angehörigen Glieder, wenn man die Träger und Leiter der gesellschaftlichen Organe plötzlich aus ganz anderen Kreisen und zwar auf allen Gebieten nimmt, ohne die geringste Gewähr für ihr Geeignetsein zur Hand zu haben, als deren Behauptung, erforderliche Fähigkeiten zu besitzen.

Eine der größten Schwierigkeiten bei einer Häufung und Differenzierung gesellschaftlicher Institutionen ist, einer jeden dieser Institutionen ihr spezifisches Feld zu sichern und sie gegen die Wirkungs- und Machtsphäre anderer Institutionen abzugrenzen, damit nicht aus der Gefahr verwandter Aufgaben, sich berührender Wirkungskreise eine gegenseitige Hemmung entsteht. Als Beispiel kann man die Beziehungen zwischen Regierung und Selbstverwaltungskörper heranziehen, z. B. Städte, Provinzen u. s. w.

Für eine gedeihliche Fortentwicklung ist weiter von höchster Bedeutung, daß die Gesellschaft möglichst eine kompakte Masse ist und bleibt, daß die Gesellschaft z. B. nicht zerfällt in eine Anzahl Kapitalisten und eine Anzahl schlecht bezahlter Proletarier[1]), oder eine Anzahl hochgebildeter Menschen und eine Anzahl völlig unwissender, in Aberglauben dahinlebender Massen.

---

[1]) F. A. Lange: Geschichte des Materialismus, Aufl. 6, 1898, S. 473, Bd. II.

Derartige Zustände zerreißen die Einheit der Gesellschaft, nehmen ihr die Kraft nach außen und innen und lassen ein gegenseitiges Verstehen des jeweiligen Empfindens, Fühlens und Vorstellens der verschiedenen Schichten vermissen. Bei Vermeidung derartiger Zustände ist es möglich, daß die Entwicklung der Gesellschaft weiter vor sich geht; aber in je einem höheren Stadium die Entwicklung sich befindet, desto schwieriger wird die Erfüllung dieser Bedingungen[1]). Mit der Größe der Gesellschaft wächst die Schwierigkeit, sie zusammenzuhalten.

Die zunehmende Schwierigkeit, die aus einer Vervielfältigung der Organe entsteht, läßt sich am leichtesten an einem konkreten Beispiel veranschaulichen. Wie einfach gingen die gewerbliche Konsumtion und Produktion in der mittelalterlichen Stadtwirtschaft vor sich. Der Produzent, der kleine Handwerker, arbeitete gewöhnlich nicht auf Vorrat, sondern nur auf Bestellung; und zwischen dem Produzenten und Konsumenten gab es keine Mittelpersonen, sondern der Konsument bezog seine Ware direkt vom Produzenten[2]). Heute fertigt die höhere gewerbliche Produktion „Vorräte für Monate, Jahre; sie fügt immer neben die Anstalten, die fertige Waren liefern, solche, welche Zwischenprodukte, Rohstoffe, Werkzeuge und Maschinen herstellen. Die Linien zwischen Produktion und Konsumtion werden zeitlich und geographisch immer länger und komplizierter, wie wir schon erwähnten. Daher aber auch die steigende gesellschaftliche Kompliziertheit jeder technisch höher stehenden Volkswirtschaft, die zunehmende Vergesell-

---

[1]) vgl. Sch. G. B. I, S. 187.

[2]) C. Bücher: Die Entstehung der Volkswirtschaft, S. 135 ff. 3. Aufl. 1900.

schaftung, die Notwendigkeit gewisser zentraler beherrschender Mittelpunkte und Direktionen. Ebenso auch die unendliche Steigerung in der Schwierigkeit der einheitlichen, gleichmäßigen Vorwärtsbewegung, der Lenkung aller Wirtschaftsprozesse. Und endlich die leichte Möglichkeit der Störung, das häufige Vorkommen von Mangel und Überfluß der Güter an einzelnen Stellen, zu bestimmter Zeit; Mißstände, welche nur durch die Fortschritte der Organisation und der Menschen zu überwinden sind, welche den technischen Fortschritten die Wage halten oder sie übertreffen[1])".

Eine besonders moderne Schwierigkeit, die sich mit der fortschreitenden Entwicklung ergeben hat, liegt nicht in dem Zusammenwirken der einzelnen gesellschaftlichen Organe, sondern in dem Verhältnis der Gesellschaft zu den Individuen, die sie für die Gesellschaftsfunktionen heranzieht. Eine Schwierigkeit, die sich am stärksten äußert in einer gleichmäßigen Heranziehung einer Unzahl von Menschen zu einer gemeinschaftlichen Arbeit. Wenn ehemals die Betriebe wenige Menschen umfaßten, so wuchs die Schwierigkeit mit der zunehmenden Anzahl der in einem Betrieb Tätigen, sie einheitlich zusammenfassen. „Zwei bis fünf Personen zu gemeinsamer Arbeit oder zu gemeinsamem Leben in dauernder Form zu verbinden, ist immer schon nicht ganz leicht gewesen, wo nicht besondere sympathische Bande, Unterordnungs- und Treuverhältnisse oder derartiges sie verknüpfte. Aber zehn-, hunderttausend so zu verknüpfen, daß sie ohne viel Reibung und Konflikte zusammenwirken, sich in einander passen, einheitliche Zwecke harmonisch verfolgen, hat bei allen

---

[1]) Schmoller: Grundriß, Band I, 1901, S. 226.

Kennern des Lebens und der menschlichen Seele stets als ein soziales Kunstwerk gegolten." Wie weit dabei die Gesellschaft ein Anrecht an die Menschen hat, wie weit das Recht der Individualität zu wahren ist, ist ein Problem, das bei allen theoretischen Erörterungen über die soziale Frage in der Gegenwart im Mittelpunkt steht.

Der größere Anspruch der Gesellschaft an die Individuen spannt deren Kräfte stärker an. Die Menschen müssen in allen Schichten der Gesellschaft viel mehr lernen wie früher. Ihre Kenntnisse müssen viel breiter und allseitiger, ihre Charakterbildung muß viel intensiver sein, damit sie nicht der ihnen in viel größerem Maße gebotenen Möglichkeit einer sittlichen Entartung erliegen. Sie müssen in Sitte und Recht Dämme errichten, um dadurch den Menschen einen gewissen Schutz zu bieten vor sittlicher Entartung. „Nur klügere, umsichtigere Menschen, ein ganz anderes gegenseitiges Wissen um die Zusammenhänge, eine viel sozialere Zucht, ganz anders ausgebildete soziale Instinkte und moralisch politische Institutionen können die Reibungen und Schwierigkeiten einer höheren Technik überwinden[1])." Um wieviel mehr gilt das für eine all umfassende Entwicklung der Gesellschaft.

Die Erscheinung der zunehmenden Schwierigkeit einer organischen Fortentwicklung der Gesellschaft hat zur Folge, daß diese nur überwunden werden kann mit steigender Anstrengung von Seiten der Träger der Gesellschaft. Darin findet die Entwicklung der Gesellschaft (wenigstens die eines bestimmten Volkes) ihre Grenzen. Denn ein Volk ist ebensowenig fähig, als der einzelne Mensch, seine Kräfte beliebig hoch an-

---

[1]) Sch. G. B. I, S. 226.

zuspannen. Bis jetzt ist noch niemals der Punkt bei einem Volk ausgeblieben, bei welchem es nicht das Höchstmaß seiner Leistungsfähigkeit erreicht hätte. Dann kann es kommen, daß eine begonnene Entwicklung Forderungen stellt, die die Kräfte des Volkes überschreiten. Die Geschichte wenigstens hat bis jetzt nur Völker gezeigt, die eine begrenzte Entwicklungsfähigkeit gehabt haben (Egypter, Babylonier, Griechen, Römer, Inkas). Diese Völker sind der ihnen mit der fortschreitenden Entwicklung gestellten Aufgabe, seien sie politischer, sozialer, geistiger, ethischer oder religiöser Natur, nicht gewachsen gewesen und sind daran zu Grunde gegangen. Die physische, psychische und geistige Kraft eines Volkes wird mit der Zeit verbraucht, wenn es nicht das Glück hat, sein Blut durch ein anderes Volk, das gerade so entwicklungsfähig ist, wie es selbst, aufzufrischen. Bei einer derartigen Vermischung bleibt dann sehr oft nur der Name des früheren Volkes übrig, während es selbst schon von dem jugendfrischen Volke aufgesogen ist oder mit ihm eine neue Rasse gebildet hat.

Bei der zunehmenden Schwierigkeit der Fortentwicklung der Gesellschaft ist stets die Gefahr vorhanden, daß das Beharrungsvermögen in der Gesellschaft das erdrückende Übergewicht über die vorwärtstreibenden Kräfte erhält, was so viel bedeutet, als den zuerst langsamen, dann immer schneller eintretenden Rückgang der Gesellschaft. Die normale und gesunde Verteilung dieser beiden Kräfte in einer Gesellschaft anzugeben, grenzt an Unmöglichkeit, weil wir niemals einen so tiefen Einblick in das Gesellschaftsleben haben, um zu wissen, ob ein augenblickliches Überwiegen des Beharrungsvermögens eine notwendige Ruhe, ein

Sammeln neuer Kräfte zu neuem Fortschritt, oder aber ein Zeichen des Rückganges ist.

Bei jugendfrischen, intelligenten, vorwärtsstrebenden Völkern ist die vorwärtstreibende Kraft und die Aufnahmefähigkeit eine Gefahr für ein organisches Wachsen und Entwickeln der Gesellschaft[1]), während bei Völkern in reiferem Alter das Beharrungsvermögen, verstärkt noch durch die gleichsam erbliche Belastung mit Tradition, für diese eine Gefahr bildet. Doch, wer will im realen Leben mit einiger Gewißheit feststellen, wo die Jugend aufhört, das Alter beginnt? Mit der zunehmenden Komplikation und dem Alter der gesellschaftlichen Entwicklung tritt eine Verstärkung des Beharrungsvermögens ein, die nur mit erhöhter Kraftanstrengung überwunden werden kann.

Wenn wir jetzt von der allgemeinen Betrachtung zu der Frauenbewegung zurückkehren, so haben wir in der Frauenfrage eine solche entscheidende Neuerung. Die Durchführung ihrer Wünsche kann in einem so verwickelten Gemeinschaftsleben, wie die moderne Gesellschaft es darstellt, nur auf größten Umwegen und mit möglichster Vorsicht erfolgen. Eine übereilte Nachgiebigkeit gegen die Neuerungswünsche der Frauen, die von dem Standpunkt der Frau ganz berechtigt sein können, vermag das ganze Räderwerk der Gesellschaft in Verwirrung zu bringen. Die Stellung des Weibes in der Gesellschaft und Familie ist indirekt und unbewußt mit so viel privaten und öffentlichen Faktoren verknüpft, daß jedwede Umwertung eine Verknüpfung an tausendfachen Fäden verlangt.

---

[1]) z. B. die Übernahme der römisch-byzantischen Kultur durch einige germanische Stämme führte zur völligen Korruption dieser Stämme.

Um einen Fall herauszunehmen, der vielleicht am klarsten liegt, ohne die ganze Seite der Frauenfrage zu enthalten: Die Frauenbewegung setzt sich als Ziel, alle Organe des gesellschaftlichen Körpers auch mit weiblichen Kräften zu besetzen. Man darf jedoch nie vergessen, daß für die Gesellschaft und ihr Bestehen die Organisation derselben von der höchsten Bedeutung ist. Die Organisation ihrerseits wird aber gehalten durch die Kraft, Klugheit, Einsicht und Umsicht nicht allein der zentralen, sondern auch der Leiter und Träger der kleinsten und unscheinbarsten Organe. Wer an der Leitung teilnehmen will, muß erst den Beweis erbringen, daß er dazu befähigt ist. Und dieser Beweis kann nur dann ohne allzu große Gefahren und Opfer für die Gesellschaft erbracht werden, wenn dort zuerst der Versuch angestellt wird, wo ein Mißerfolg am wenigsten der Gesellschaft schadet. Für das Weib kann es sich natürlich nicht nur um den Beweis der Fähigkeit überhaupt handeln, sondern darum, die Fähigkeit in der Höhe und in der Stärke aufzuweisen, wie die bisherigen Träger sie besaßen; auch nicht darum, ob bei einzelnen die Fähigkeit vorhanden, sondern ob die Gesamtheit sie ihr eigen nennt. An anderer Stelle wurde schon kurz erwähnt, daß, je niedriger die Stellung eines Gliedes der Gesellschaft ist, desto mehr sich der Erfolg oder Mißerfolg seiner Tätigkeit auf seine eigene Person konzentriert, je höher aber das betreffende Glied in der Gesellschaft steht, — sich in ihr aktiv betätigt, — desto mehr der Erfolg oder Mißerfolg seiner Tätigkeit ihn nicht allein trifft, sondern in diesen Hunderte, Tausende, ja Millionen Menschen hineinziehen kann (Tätigkeit eines Feldherrn, leitenden Staatsmannes u. s. w.). Überall dort kann der Widerstand gegen eine schnelle Überschwemmung der Berufe durch Frauentätigkeit aufgegeben werden, wo die Gesellschaft in verhältnismäßig kurzer Zeit selbständig eine Auslese geeigneter und ungeeigneter Kräfte trifft und die untauglichen Glieder ausscheidet. Dahin gehören fast alle Berufsarten, die einer freien Konkurrenz unterworfen sind, deren Ausübung nicht von unzähligen Vorbedingungen abhängig ist. Dagegen hat man vorsichtig vorzugehen, wo die Gesellschaft an Elastizität, Beweglichkeit verloren hat, wo sie nicht mehr in der Lage ist, in kurzer Zeit die ungeeigneten Kräfte auszustoßen, wo der Erfolg oder Mißerfolg sich nicht gleich, sondern erst in einer Reihe von Jahren zeigt (Regierung, Verwaltung nach innen und außen, verfassungsrechtliche Fragen, z. B. Wahlrecht u. s. w.).

Man führt so oft das Vorgehen Amerikas an als Gegenbeispiel. Und doch ganz mit Unrecht. Die Vereinigten Staaten sind heute noch keineswegs ein Staat, dessen Organisation fest in sich geschlossen ist; im Gegenteil; diese Organisation trägt noch durchaus den Stempel der Jugend. Sie ist noch nicht in sich festgefügt, alles ist noch im Werden und Entstehen begriffen. Dieser Staat verfügt nach allen Richtungen hin über eine weitaus größere Beweglichkeit und Elastizität wie unsere europäischen Staaten, die durch eine tausendjährige Tradition gebunden sind. Die Vereinigten Staaten können sich ein Experiment nach dieser Richtung viel leichter erlauben, weil sie auch viel leichter in der Lage sind, sich wieder umzuwandeln, da eben der ganze Staat mit seiner Gesellschaft zum geringsten Teil feste Formen angenommen hat, von denen er sich selbst garnicht mehr lossagen könnte, ohne damit seinen Untergang herbeizuführen.

Amerikas Verhalten kann also für uns nicht vorbildlich sein.

Diese ganzen Verhältnisse haben sich von Anfang an der Frauenbewegung hemmend in den Weg gestellt, da die Ansichten über das Maß und die Schnelligkeit eines solchen allmählichen Aufrückens in die höheren und verantwortungsreicheren Stellen sehr verschieden waren und sind. Das Urteil über die bisherigen Leistungen des Weibes hat sich in dieser Richtung noch nicht einheitlich entschieden, wenigstens waren die Erfolge im großen und ganzen nicht so überwältigend, daß sie auch diejenigen, die der Frage skeptisch gegenüberstanden, hätten überzeugen können. Die Gesellschaft hat zu prüfen, inwieweit sie den weiblichen Forderungen Raum gewähren darf, um nicht den Gesamtorganismus der Gesellschaft zu gefährden. Von einem einseitigen Parteistandpunkt aus mag eine befriedigende Lösung der Aufgabe leicht erscheinen, vom Standpunkt der Gesamtorganisation der Gesellschaft stellen sich ihr ungeheure Schwierigkeiten entgegen, die in dem Maße geringer erscheinen, als man in den unendlich komplizierten Bau der Gesellschaft nur einen oberflächlichen Blick geworfen hat.

Sehen wir jetzt zurück, so läßt die Tatsache, daß die mannigfachen Einzelerscheinungen, die in ihrem Zusammenwirken eine Frauenbewegung gezeitigt haben, verschiedenartigster Natur sind, erkennen, wie wenig die Entwickelung der Gesellschaft (nach innen und außen) als eine allseitig gleichmäßige und deshalb in sich harmonische gedacht werden kann. Und zwar tritt diese ungleichförmige Entwickelung am schärfsten bei Umspannung kleiner Zeiträume zu tage. Damit ist aber nicht gesagt, daß sie innerhalb dieser am stärksten empfunden werden muß. Die Disharmonie macht sich vielmehr erst äußerlich bemerkbar, wenn aus der einseitigen Entwicklung heraus allgemeine Folgezustände in Erscheinung treten.

Diese ungleichförmige Entwicklung läßt sich hauptsächlich darauf zurückführen, daß den menschlichen Fähigkeiten eine bestimmte Grenze gesetzt ist. Demzufolge vermag die Kulturarbeit einer Generation nicht alle Gebiete gleichmäßig zu umspannen und bedarf auf den vernachlässigten Gebieten der Ergänzung durch die folgende Generation; wobei jedoch nicht ausgeschlossen ist, daß diese nun nach anderer Richtung in denselben Fehler verfällt und andere Gebiete zu fördern und auszubauen vergißt.

Aus der Unregelmäßigkeit der Entwicklung und ihrer wechselnden Intensität ergibt sich neben den Wandlungen in der Gesellschaft eine andere Verwendung und Verwendbarkeit der menschlichen Kräfte. Dies führt zu den Entstehungsgründen der Frauenbewegung, weil es nämlich die Unmöglichkeit zeigt, der Frau innerhalb der Gesellschaft dauernd einen fest fixierten Wirkungskreis zuzuweisen. Die Stellung der Frau wird innerhalb des gesellschaftlichen Entwicklungsprozesses stets weiteren Veränderungen unterworfen bleiben, wird sich insbesondere stets regeln: erstens nach der durchschnittlichen Veranlagung des männlichen und weiblichen Geschlechts in körperlicher, geistiger und moralischer Hinsicht, zweitens nach dem jeweiligen Vorwiegen der einen oder anderen Begabung und deren Kombination unter den beiden Geschlechtern und drittens nach dem Grade, in dem das Weib vermöge seiner Arbeitskraft und Fähigkeiten den Anforderungen der jeweiligen Kulturanfgaben zu entsprechen vermag. Dies zugegeben, wird als maßgebend für die Entstehung der Frauenbewegung in letzter Linie jene große Einseitigkeit des gesellschaftlichen Entwicklungsganges betrachtet werden müssen, die, wie aus vorliegender Untersuchung ersichtlich sein sollte, im 19. Jahrhundert die größten Disharmonien erzeugte und das Weib veranlassen mußte, eine Bewegung zu schaffen, die auf ein entsprechendes Verhältnis zwischen der Summe der vorhandenen weiblichen Arbeitskräfte und der Summe ihrer faktischen Betätigungsmöglichkeiten hinzielt.

Für die Gewalt und Energie, die sich in dieser Bewegung offenbart hat, mag eine genügende Erklärung in dem Erfahrungssatze zu finden sein, daß, je stärker und je länger eine einseitige Entwicklung innerhalb der Gesellschaft vor sich geht, auch desto energischer bei einem noch entwicklungsfähigen Volke eine Bewegung einsetzen wird, die diese Einseitigkeit auszugleichen und zu überwinden sucht.

Zusammenfassender Rückblick.

Eine Zusammenfassung soll noch einmal den Gang und die Resultate unserer Betrachtung übersehen lassen.

Wir rechtfertigten eine soziologische Betrachtung der Frauenbewegung damit, daß das Leben von Individuen und Sondergruppen innerhalb der Gesellschaft nur begriffen werden kann durch Verständnis der gesellschaftlichen Entwicklung überhaupt, besonders weil mit der wachsenden Kompliziertheit der Gesellschaft Individuen und Gruppen in ihrem geistigen, sittlichen und sozialen Leben immer abhängiger von der Gesellschaft werden. Eine für alle Gesellschaftsgruppen geltende, internationale Betrachtung würde das Bild verwischen, weil jeder dieser Körper über ein individuelles Leben verfügt, das besonders berücksichtigt werden muß. Die Entstehungsgründe der Frauenbewegung werden klarer hervortreten, wenn man für jeden dieser Gesellschaftskörper die Untersuchung gesondert durchführt, erst dann sie auf ihre Ähnlichkeiten ansieht. Ich habe mich deshalb auf die Entstehung der Frauenbewegung in Deutschland beschränkt[1]).

---

[1]) S. 7—10.

Der erste Hauptteil enthält den Einfluß der Veränderung des politischen, geistigen und sittlichen Gesamtbildes der Gesellschaft in Deutschland auf die Entstehung der Frauenbewegung.

Auf politischem Gebiet: Es fehlen vor der politischen Vereinigung Deutschlands zu einem einheitlichen Reiche die Vorbedingungen zur Frauenbewegung. Die Zerrissenheit Deutschlands, sein Partikularismus und seine verschiedenen Vereinsgesetzgebungen halten eine Entwicklung im großen hintenan. Das ganze Interesse der Massen konzentriert sich auf die Lösung der politischen Frage und auf die wirtschaftlichen Bestrebungen, den Nachbarländern ebenbürtig zu werden. Die Einigung Deutschlands räumt die Hindernisse von dieser Seite her weg[1]).

Auf geistigem Gebiet: Die Wissenschaft, die in Deutschland im 18. Jahrhundert wesentlich als Selbstzweck angesehen wurde, tritt im 19. Jahrhundert in den Dienst des praktischen Lebens ein. Die hierdurch verursachte Umgestaltung des geistigen Volksniveaus wirkt auch auf die Frauenbewegung. Das Materielle tritt in den Vordergrund der Betrachtung, beeinflußt auch den Ideenkreis des Weibes und veranlaßt es zu Forderungen. Die Verbindung der Wissenschaft mit der Praxis erlaubt eine weitgehende Popularisierung. Das Wissen breitet sich über die Masse aus, macht sie intelligenter und stärkt das Bewußtsein ihrer Macht. Durch die Erkenntnis, als Masse etwas durchsetzen zu können, ist auch für die Frauen der Grund zu einer Massenorganisation, zu einer eigentlichen Frauenbewegung gegeben[2]).

---

[1]) S. 10—13.
[2]) S. 13—19.

Auf sittlichem Gebiet: Infolge der Wandlung sittlicher Anschauungen im 19. Jahrhundert erhält das Weib größere Bewegungsfreiheit und stärkere Möglichkeit, einer beruflichen Tätigkeit außerhalb des Hauses nachzugehen. Das Selbstbestimmungsrecht des Weibes gelangt, wenn auch mehr in der Theorie als in der Praxis, zu immer größerer Anerkennung[1]).

Der zweite Hauptteil behandelt die eigentlichen wirtschaftlichen Fragen im Rahmen dieser Arbeit. Es wird der Einfluß des besonders wichtigen Entwicklungsfaktors der Arbeitsteilung für die Umbildung der Gesellschaft und somit für die Entstehung der Frauenbewegung klar gelegt.

Zunächst der Einfluß der Bevölkerungsvermehrung: Der Bevölkerungszuwachs an und für sich verursacht keine Fortentwicklung der Gesellschaft, wenn er nicht verbunden ist mit einer entsprechenden Veranlagung der in Frage kommenden Bevölkerung. Die Lebensschwierigkeiten infolge einer Bevölkerungsvermehrung treffen auch die soziale Lage des Weibes und dadurch indirekt die Frauenbewegung[2]).

Dann der Einfluß der Arbeitszusammenlegung, einer Sondererscheinung der Arbeitsteilung: Das Charakteristische einer Arbeitszusammenlegung macht sich geltend, wenn eine vorher von vielen ausgeübte Arbeit in die Hand einer oder weniger Personen gelegt wird, die aber im Auftrag der früher in dieser Beschäftigung Tätigen handeln und kein selbständiges und unabhängiges Organ in unserem Gesellschaftsleben bilden. An dem Genossenschaftswesen wurde das Wirken der

---

[1]) S. 19—22.

[2]) S. 23—26.

Arbeitszusammenlegung klar. Für die Frauenbewegung, wie für jede andere Organisation, ist die Arbeitszusammenlegung ein Grunderfordernis. Folgende Punkte sind dafür entscheidend: erstens die Zentralisation der Kräfte führt zu einer Machtbildung und so zu einer Konzentration der Ziele; zweitens die „gemeinsamen" Ziele treten deutlicher hervor, das Unwichtige tritt hinter dem Wichtigen zurück, und der Egoismus Einzelner mit ihren Wünschen wird in den Hintergrund gedrängt; und drittens Ersparnis an Kapital und Arbeitszeit macht die Mittel frei zu kräftigerem Verfolgen dieser Ziele[1]).

Die Arbeitsteilung als Gesamterscheinung bewirkt eine Umgestaltung des ganzen Wirtschaftskörpers[2]). Die Arbeitsteilung ruft eine zunehmende Individualisierung der Berufsarten hervor, die in steigendem Maße jedweder menschlichen Veranlagung Beschäftigung zuweist und die Möglichkeit erhöht, sich nach seinen individuellen Fähigkeiten zu beschäftigen. So werden auch dem Weibe durch das Wirken der Arbeitsteilung neue Berufs- und neue Beschäftigungsarten eröffnet.

Wir beobachten weiter, daß das Tempo der ganzen Entwicklung auf wirtschaftlichem Gebiet zu schnell war, sodaß die weiblichen Kräfte ungesondert in die Berufsarten einströmten und ohne Rücksicht auf ihre Kraft und Leistungsfähigkeit beschäftigt wurden. An diesem wahl- und planlosen Einströmen weiblicher Kräfte in alle ihnen zugänglichen Berufsarten nahm zunächst nur das Weib aus den niedrigen Schichten

---

[1]) S. 26—31.
[2]) S. 31—34.

teil. Die Folgen dieser rapiden Umwälzung auf allen Gebieten des Wirtschaftslebens erzeugten ein furchtbares Elend in den niederen Volkskreisen. Die dadurch entstandene wirtschaftliche und soziale Lage des Weibes wurde zur Ursache der Entstehung der Frauenbewegung der niederen Schichten[1]).

In den mittleren und höheren Schichten der Gesellschaft zeigt sich das entgegengesetzte Bild. Während das Weib der niederen Volkskreise an einem Übermaß von Arbeit zu leiden hat, verlangt das Weib jener Kreise nach Arbeit, wünscht sich zu betätigen. Diese Verhältnisse sind entstanden durch den Stillstand der Ausbildung weiblicher Berufstätigkeit. Die Ursache hierfür liegt in der Stabilität unseres Wirtschaftslebens im 17. bis gegen Ende des 18. Jahrhunderts und ferner in dem so schnellen Vorwärtshasten des 19. Jahrhunderts, das darüber das Weib mit seinen berechtigten Forderungen vergaß[2]).

Der ganze Zustand wird noch dadurch verschärft, daß dem Weibe nicht nur keine neuen Berufsarten zugewiesen, sondern auch alte Betätigungsfelder durch die wirtschaftliche Entlastung der Familie entrissen wurden. Infolge dieser Mißstände gingen aus betroffenen Kreisen die Frauen hervor, welche mit gleichgesinnten Männern und Frauen die Führung übernahmen. Mit diesen führenden Kräften war die Frauenbewegung erschaffen[3]).

Der dritte Hauptteil dieser Arbeit behandelt die Schwierigkeit einer gesellschaftlichen Umbil-

---

[1]) S. 34—48.
[2]) S. 48—50.
[3]) S. 50—55.

dung und deren Folgen für die Frauenbewegung.

Die Inhaber eines Berufes wollen auch die aus den alten neu erstandenen Teilberufe für sich und ihre Berufsgenossen reservieren, umsomehr, je höher die Berufsart ist. Das Weib hatte hierunter besonders stark zu leiden, und zwar vorwiegend das Weib, das in die liberalen Berufe eindringen will, deren Zugang aber an gewisse Vorbedingungen geknüpft ist[1]).

Daran schloß sich eine Betrachtung über das Beharrungsvermögen in der Gesellschaft, d. h. einer Tendenz der Gesellschaft und Individuen, in dem Zustand zu beharren, in dem sie sich augenblicklich befinden und zwar zu verschiedenen Zeiten bei verschiedenen Gruppen und Individuen in verschiedener Richtung und Stärke. Der Einfluß des Beharrungsvermögens auf die Entstehung der Frauenbewegung ist bedeutend. Er äußert sich schon in einer Abneigung gegen das Neue als solches.

Der teilweise Stillstand in der Entwicklung auf politischem, sittlichem und rechtlichem Gebiet zwang das Weib, seine Kräfte zu sammeln, sich zu organisieren, um seinen Wünschen stärkeren Nachdruck zu geben. Dieser Einfluß auf wirtschaftlichem Gebiete führte zu einem Wettbewerb zwischen Hausindustrie und Fabrikindustrie und half zur Bildung der Arbeiterinnenbewegung mit, die ein Glied der Frauenbewegung ist[2]).

Das Festhalten der bürgerlichen Frauenkreise an hausindustrieller Arbeit war zum Teil

---

[1]) S. 56—58.
[2]) S. 58—67.

durch die Rücksichtnahme auf ihre Standesangehörigen verursacht, die eine gewerbliche Arbeit verpönten; das schuf unhaltbare Zustände, die in einer fortwährenden Steigerung ihren Ausdruck in der Frauenbewegung fanden, die Abhilfe bringen sollte. Ein Kampf gegen solche Vorurteile führt direkt zu einem Anschluß an die Frauenbewegung[1]).

Als Vorteil des Beharrungsvermögens kann gelten, daß das Neue nicht zu hastig an die Stelle des Alten tritt, sondern gezwungen wird auszureifen. Dieser hemmende Einfluß führte in der Frauenbewegung zu einer Sammlung der Kräfte und zu einem Sichten der Wünsche. Von der Verteilung der beharrenden und der vorwärtstreibenden Elemente ist es abhängig, in welchem Tempo und in welchem Umfange sich das Neue, in unserem Falle die Frauenbewegung, durchzusetzen vermag[2]).

Neben das Beharrungsvermögen als hemmendes Element tritt ein anderer Faktor, der die Frauenbewegung erschwert, nämlich das Wachsen der Schwierigkeit für die Weiterentwicklung der Gesellschaft bei fortschreitender Entwicklung.

Die zunehmende Komplikation des Gesellschaftskörpers macht die Anfügung des Alten an das Neue komplizierter. Das Wachsen der leitenden Funktionen in dem gesellschaftlichen Organismus schafft beständig verantwortlichere Plätze in größerer Zahl, in denen ein Experiment mit dem Neuen gewagter wird und verhängnisvoll für das Ganze werden kann. Daraus resultiert im höchsten Maße ein hemmender Einfluß

---

[1]) S. 67—69.

[2]) S. 69—72.

auf die Frauenbewegung, besonders auf das Einrücken des Weibes in verantwortungsvolle Stellen[1]).

Die verschiedenartigen Tendenzen, die für die Entstehung der Frauenbewegung wirksam sind, führen infolge unzureichender Kräfte der Menschen für einen gleichmäßigen Ausbau aller Gebiete im gesellschaftlichen Organismus zur Erkenntnis der Ungleichmäßigkeit in der Entwicklung der Gesellschaft. Diese Ungleichmäßigkeit schafft für unseren Fall das größte Mißverhältnis zwischen den faktischen Fähigkeiten des Weibes und seiner Betätigungsmöglichkeit und wird gerade durch die Stärke der einseitigen Entwicklung des 19. Jahrhunderts Hauptbedingung einer Entstehung und einer kräftigen Entwicklung der Bewegung der Frauen gegen diese Einseitigkeit, unter welcher das Weib zu leiden hat[2]).

---

[1]) S. 72—82.
[2]) S. 82—85.

Literatur.

A. Bebel: Die Frau. 1883.

Berliner Frauen-Vereins-Konferenz 1869.

Bestimmungen über das Mädchenschulwesen u. s. w. 31. Mai 1894. Berlin.

L. Braun: Frauenfrage. 1901.

K. Bücher: Die Frauenfrage im Mittelalter. 1882.

G. Cohn: Die deutsche Frauenfrage. 1896.

H. Cunow: Die ökonomischen Grundlagen der Mutterschaft. Neue Zeit 1898.

H. Dohm: Der Frauen Natur und Recht. 1893.

J. Duboc: Fünfzig Jahre Frauenfrage in Deutschland. 1896.

M. Epstein: Die Erwerbstätigkeit der Frauen u. s. w. 1901.

M. Fuller-Ossoli: Ein amerikanisches Frauenbild von E. Castell. 1866.

Die Frauenbewegung in den verschiedenen Kulturländern. Unsere Zeit. Neue Folge 1870.

Die Frauenbewegung und ihre männlichen Beförderer. Grenzboten 1870.

A. Gerhard und H. Simon: Mutterschaft und geistige Arbeit. Berlin 1901.

Gnauck-Kühne: Die soziale Lage der Frau. 1895.

J. Grimm: Ein Urteil J. Grimms über deutsche Schriftstellerinnen in Grenzboten 1870.

A. v. Hanstein: Die Frauen in der Geschichte des deutschen Geisteslebens. I. 1899. II. 1900.

E. v. Hartmann: Jungfernfrage in Tagesfragen. Leipzig 1896.

Herkner: Frauenstudium der Nationalökonomie. 1899.

— Arbeiterfrage. 2. Aufl. 1897.

Th. G. v. Hippel: Über die bürgerliche Verbesserung des Weibes. 1794.
— Nachlaß über weibliche Bildung.
Holtzendorff: Verbesserungen in der gesellschaftlichen und wirtschaftlichen Stellung der Frauen. 1869.
J. Ichenhäuser: Politische Gleichberechtigung der Frau. Berlin 1898.
A. Kirchhoff: Die akademische Frau. 1897.
E. Kempin: Grenzlinien der Frauenbewegung. 1897.
F. X. Kraus: Essays. 1890.
E. Laas: Zur Frauenfrage. 1870.
H. Lachmannski: Die deutschen Frauenschriften des 18. Jahrhunderts. Berlin 1900.
H. Lange: Akademische Frau. 1897.
— Frauenbewegung im Bewußtsein unserer Zeit. 1892.
— Intellektuelle Grenzlinien zwischen Mann und Frau. 1897.
— Die Mädchenschulen und ihre Bestimmung. 1888.
H. Lange und G. Bäumer: Handbuch der Frauenbewegung. 4. Bd. 1901/02.
F. Lewald: Meine Lebensgeschichte. 1861.
— Osterbriefe für Frauen. 1863.
H. Lotze: Mikrokosmos. VI. Buch, Kap. II.
Magazin für die Literatur des Auslandes. 1866/67. Herausgegeben von J. Lehmann.
L. Marholm: Wir Frauen und unsere Dichter. 1896.
J. St. Mill: Hörigkeit der Frau. 1872. 1891 übersetzt.
L. Morgenstern: Frauenarbeit in Deutschland. 1893.
P. J. Möbius: Über den physiologischen Schwachsinn des Weibes. 1902.
J. Möser: Patriotische Phantasien. 1775.
Joh. Müller: Beruf und die Stellung der Frau. 1902.
Nathusius: Zur Frauenfrage. 1871.
Nouret: Geschichte der Luisenschule in Berlin. 1888.
L. Otto: Das Recht der Frau auf Erwerb. 1866.
Pierstorff: Frauenarbeit und -Frage. 1900.
M. Pinoff: Zur Frauenfrage.. 1866.
— Die Erziehung der Frau zur Arbeit. 1867.
— Die Reform der weiblichen Erziehung. 1867.
Protokolle über das mittlere und höhere Mädchenschulwesen. 1873.
W. H. Riehl: Die Familie. 1882.
F. Runge: Die Krankenpflege als Feld weiblicher Erwerbstätigkeit. 1867.

M. Runge: Das Weib in seiner geschlechtlichen Eigenart. 1900.
G. Schmoller: Grundriß der Volkswirtschaftslehre.*) 1901.
A. Schopenhauer: Über die Weiber: Parerga und Paralipomena. Kap. 27.
G. Schönberg: Die Frauenfrage. 1873.
L. v. Stein: Die Frauen auf sozialem Gebiet. 1888.
Steinhausen: Das gelehrte Frauenzimmer. 1897.
Silbermann: Zur Entlohnung der Frauenarbeit. Schmollers Jahrbuch. Heft 94. 1899.
Weinhold: Die deutschen Frauen im Mittelalter. 2. Aufl. 1897.
Westermarck: Geschichte der menschlichen Ehe. 1902.
Clara Zetkin: Arbeiterinnen und Frauenfrage der Gegenwart. 1895.
Th. Ziegler: Die soziale Frage eine sittliche Frage. 1895.
— Geistige und soziale Strömungen des 19. Jahrhunderts. 1901.

*) Angeführt in der Abkürzung: Sch. G. B. I, Seite ...

Zeitfracht Medien GmbH
Ferdinand-Jühlke-Straße 7
99095 Erfurt, Deutschland
produktsicherheit@kolibri360.de